はじめに

　この本は、アーサー・エドワード・ウェイト氏により監修された、世界で最も普及しているタロットカード RIDER WAITE TAROT（ライダーウェイト版タロット）に基づき、カードに秘められた深い意味と読み方のコツをマスターするための本です。

　ウェイト氏（1857年〜1942年）は、神秘思想カバラを中心に、伝統的な占星術や魔術を研究し、現在のタロットカードの意味を確立した秘密結社、ゴールデンドーン（和名；黄金の夜明け団）に所属した隠秘学者です。退団後、占星術に対応させ、カバラなどの神秘思想を絵柄に込めた、このウェイト版タロットを世に出しました。マルセイユ版などのそれまでのタロットカードと違い、小アルカナにも絵をつけた最初のカードであることから、一大ブームを起こします。

　タロット占いのリーディング力を高めるには、カードの意味を暗記することも大切ですが、それ以上に絵をいかに読み解くかが大切です。そのため、古代の叡智や秘教的な奥義が神秘的な絵の中に込められたウェイト版タロットは、タロット占いを始める人にとっても、上級者がさらにリーディングを深めるためにも、最も適した素晴らしいカードなのです。

　本書では、絵や象徴に込められたメッセージを読み解き、インスピレーションが得られるよう、たくさんのコツが示されています。実践的なリーディングやスプレッドのコツ、さらには古代の叡智とのつながりを紹介しています。

　紹介したキーワードは、正位置や逆位置の枠組みに囚われず、自由に読み解くことも試してください。そこで得たクリエイティブで叡智に満ちた深いリーディング力は、ウェイト版以外のカードを使って占う場合にも役立ちます。本書はあなたにとって特別な手引書となることでしょう。

▲RIDER WAITE TAROT（ライダーウェイト版タロット）
1910年ライダー社より初版。パメラ・コールマン・スミス女史により、78枚すべてのカードに絵柄がつけられた。今日多くのタロットカードが、ウェイト版の絵柄を基にデザインされている。

この本で分かること

▶「**正位置×逆位置キーワード**」…カードの正逆によって、意味が複雑に変化するタロット占い。逆位置は、正位置の意味を弱めたり逆に取ったりするのが基本だが、カードによってもさまざま。実占で使える、8つの最重要ワードが分かる。

▶「**プラスアルファ**」…カードの理解をさらに深めるために、知って得をする知識。

▶「**ここがポイント**」…絵柄から浮かび上がる読み方のポイントが分かる。

▶「**リーディングのコツ**」…占目テーマごとに変わる読み方のコツが分かる。

▶「**ヒント！**」…大アルカナの並びを魂の成長過程と重ねて理解することで、正位置と逆位置の読み分けのコツが分かる。カードによって、逆位置の方がより進んだ状況になったり、良い側面になることの理由も、解説によって明らかに。

▶「**レベルアップの鍵**」…タロットカードを、カバラや占星術といった古代の叡智と対応させることで、理解のバリエーションが深まる。

▶「**ワンモアアドバイス**」…実占における、そのカードならではの読み方が分かる。

専門用語

・**アルカナ（Arcane）**…ラテン語で「神秘」「奥義」を意味する。タロットカードは一般的に、大アルカナ（Major arcana）22枚と小アルカナ（Minor arcana）56枚の、計78枚で構成されている。

・**スート（Suits）**…小アルカナを構成する4つのグループ。杖（ワンド Wands）、聖杯（カップ Cups）、剣（ソード Swords）、金貨（ペンタクルス Pentacles／コイン Coins）に分かれ、各スートは14枚ある。スートはそれぞれ、世界を構成するエネルギーの四大要素であるエレメント（Element）＝火、水、風、地に対応している。

・**数札（ヌメラルカード Numeral cards）**…各スートの1（Ace）〜10までの10枚の札を数札といい、1はAceと表記されている。全部で40枚ある。

・**宮廷札（コートカード Court cards）**…各スートごとに4枚で構成される、ペイジ（小姓 Page）、ナイト（騎士 Knight）、クィーン（女王 Queen）、キング（王 King）と呼ばれる人物札。全部で16枚ある。

・**スプレッド（Spread）**…タロットカードを展開すること。または、レイアウト法を意味する。

・**パイル（Pile）**…カードの山のこと。また、デッキ（Deck）は一組のカードを示す。

・**正位置（アップライト Upright）**…場に出たカードが占者から見て、上下が正しく配置された状態。

・**逆位置（リバース Reverse）**…場に出たカードが占者から見て、上下が逆に配置された状態。

・**オラクル（Oracle）**…神託、預言を意味する。ワンオラクルは、タロットカードの1枚引きを示す。

・**カバラ（Cabala）**…ユダヤ教の伝統に基づいた秘教で、（ヘブライ語を）直訳すると「受け取る」だが、「師から口伝によって伝えられる、神から伝えられた知恵」という意味で使われる。

・**生命の木**…カバラで用いられる神の創造のプロセスを示し、私たちが神の世界へ帰る回帰の図。宇宙の中で働いている原理を客観的に示している。

CONTENTS もくじ

はじめに …………………………2

この本で分かること／専門用語 …………3

もくじ（CONTENTS）……………………4

第Ⅰ章　大アルカナを読み解く鍵 …6

Ⅰ 魔術師 ………………………8

Ⅱ 女司祭長 ……………………10

Ⅲ 女帝 …………………………12

Ⅳ 皇帝 …………………………14

Ⅴ 法王 …………………………16

Ⅵ 恋人たち ……………………18

Ⅶ 戦車 …………………………20

Ⅷ 力 ……………………………22

Ⅸ 隠者 …………………………24

Ⅹ 運命の輪 ……………………26

Ⅺ 正義 …………………………28

Ⅻ 吊られた男 …………………30

ⅩⅢ 死神 ………………………32

ⅩⅣ 節制 ………………………34

ⅩⅤ 悪魔 ………………………36

ⅩⅥ 塔 …………………………38

ⅩⅦ 星 …………………………40

ⅩⅧ 月 …………………………42

ⅩⅨ 太陽 ………………………44

ⅩⅩ 審判 ………………………46

ⅩⅪ 世界 ………………………48

0 愚者 …………………………50

第Ⅱ章　小アルカナを読み解く鍵 …52

杖（ワンド）の1（Ace） …………54

杖（ワンド）の2 ………………55

杖（ワンド）の3 ………………56

杖（ワンド）の4 ………………57

杖（ワンド）の5 ………………58

杖（ワンド）の6 ………………59

杖（ワンド）の7 ………………60

杖（ワンド）の8 ………………61

杖（ワンド）の9 ………………62

杖（ワンド）の10 ………………63

杖（ワンド）のペイジ …………64

杖（ワンド）のナイト …………65

杖（ワンド）のクィーン …………66

杖（ワンド）のキング …………67

聖杯（カップ）の1（Ace）………68

聖杯（カップ）の2 ………………69

聖杯（カップ）の3 ………………70

聖杯（カップ）の4 ………………71

聖杯（カップ）の5 ………………72

聖杯（カップ）の6 ………………73

聖杯（カップ）の7 ………………74

聖杯（カップ）の8 ………………75

聖杯（カップ）の9 ………………76

聖杯（カップ）の10 ……………77

聖杯（カップ）のペイジ …………78

聖杯（カップ）のナイト …………79

聖杯（カップ）のクィーン ………80

聖杯（カップ）のキング………81

CONTENTS　もくじ

剣（ソード）の1（Ace）　…………82

剣（ソード）の2　…………83

剣（ソード）の3　…………84

剣（ソード）の4　…………85

剣（ソード）の5　…………86

剣（ソード）の6　…………87

剣（ソード）の7　…………88

剣（ソード）の8　…………89

剣（ソード）の9　…………90

剣（ソード）の10　…………91

剣（ソード）のペイジ　…………92

剣（ソード）のナイト　…………93

剣（ソード）のクィーン　…………94

剣（ソード）のキング　…………95

金貨（ペンタクルス）の1（Ace）　…………96

金貨（ペンタクルス）の2　…………97

金貨（ペンタクルス）の3　…………98

金貨（ペンタクルス）の4　…………99

金貨（ペンタクルス）の5　…………100

金貨（ペンタクルス）の6　…………101

金貨（ペンタクルス）の7　…………102

金貨（ペンタクルス）の8　…………103

金貨（ペンタクルス）の9　…………104

金貨（ペンタクルス）の10　…………105

金貨（ペンタクルス）のペイジ　…………106

金貨（ペンタクルス）のナイト　…………107

金貨（ペンタクルス）のクィーン　…………108

金貨（ペンタクルス）のキング　…………109

第Ⅲ章　読み方のコツをマスターする
リーディングレッスン……110

LESSON 1
カードの三要素の特性を
読み分ける　…………112

LESSON 2
大アルカナをポイントに
運命を読み解く　…………114

LESSON 3
小アルカナで具体的な詳細を
明らかにする　…………116

LESSON 4
占星術とカードの対応を使い
リーディングを深める　…………118

LESSON 5
秘教「カバラ」を知り
スピリチュアルな占いをする　…………120

LESSON 6
1日のメッセージを知る
大アルカナのワンオラクル占い　…………122

LESSON 7
気になる出来事を知るには
小アルカナのワンオラクル占い　…………124

あとがき　…………126

監修者 吉田ルナ からのメッセージ　……127

※本書は2019年発行の『もっと本格的にカードを読み解く！神秘のタロット 新版』の書名と装丁、誌面デザインを変更し、新たに発行したものです。

第Ⅰ章
大アルカナを読み解く鍵

　タロットカードは通常78枚のカードで構成され、22枚の大アルカナ（メジャーアルカナ）と56枚の小アルカナ（マイナーアルカナ）に分かれています。22枚の大アルカナは、1［魔術師］〜21［世界］、そして0［愚者］と、番号と名前が書かれ、美しい絵柄が特長です。マルセイユ版などの従来のタロットと違い、ウェイト版では占星術の思想に基づき、8に［力］、11に［正義］が、入れ替わって配置されているのが特徴です。

　実占において大アルカナは、運命的な出来事や、霊的成長のプロセス（右ページ）を示し、リーディングの核となります。また、22枚の大アルカナのみを使用する占いもポピュラーです。神秘的な絵柄の奥に秘められた深い意味や奥義を知って、タロットカードで最も重要な役割を占める、大アルカナを使いこなしましょう！

生命の木の「四世界」に対応する大アルカナのグループ

ウェイト版タロットはカバラの生命の木に対応し、大アルカナは生命の木の22本のパス（小径）に対応しています（本文各ページとP121で図解）。さらに22枚のカードは下記の図に示す、「四世界」＝流出界、創造界、形成界、物質界という4つの霊的世界の領域に分けられます。

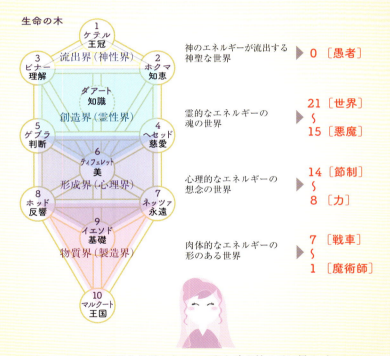

大アルカナは、神聖な世界からやってきた魂が神の元に帰るプロセスを示します。その霊的成長の段階を「四世界」に当てはめることができます。大アルカナに込められた奥義である霊的成長を知ることで、ネガティブなカードに宿る真のメッセージを知ることができ、実占における深いリーディングを可能にします。

Ⅰ 魔術師
新しいアイデアの試行

　テーブルの上に、物質界を構成する四大要素「火、水、風、地」の象徴である、ワンド（杖）、カップ（聖杯）、ソード（剣）、ペンタクルス（金貨）が置かれています。彼はこれを手にして、天と地の間の地上界（人間界）の創造主になろうとしていますが、道具は整っていても、まだ手に取っていません。アイデアの段階を意味します。

第Ⅰ章　大アルカナを読み解く鍵

Check①
魔術師の頭の上に描かれた無限大∞のマーク。
▶ 無限の叡智と知性が天からもたらされ、創造の連鎖が起こる。

Check②
天（神の世界）と地（物質界）を指し、テーブルの前に立つ魔術師（人間）。
▶ 地上界（人間界）における知的活動を意味する。

Check③
魔術師のベルトは、自らの尻尾をくわえたウロボロスの蛇。
▶ 蛇は知恵の象徴でもあり、ウロボロスの蛇は永遠性の象徴。

Check④
天にはバラ、地上にはユリとバラの花が交じり合い咲き誇っている。
▶ 昇華した意識が地上界に降り、新たな才能が花開く。

＋α プラスアルファ
この魔術師は、不完全な物質を完全に変える錬金術師、ヘルメス・トリスメギストスがモデルです。
知恵を用いて、自然界にあるものを使い、新しい道具や技術を編み出し、さまざまなものを作り出します。

ここがポイント
［魔術師］は、インスピレーションに満ちています。アイデアを表現することによって、また新しいアイデアがもたらされます。拡大する創造的表現を意味します。

正位置×逆位置キーワード

正		逆	
始まり	創造性	遅い展開	嘘
有機的	器用	狡猾さ	知識不足

リーディングのコツ

恋愛なら
- **正** 会話が弾む楽しい恋。積極的に愛情表現をしよう。告白に吉。新しい恋が始まりそう。話題が豊富で面白い彼。年下の恋人。
- **逆** コミュニケーション不足で心が離れやすい。連絡をマメに。進展しない恋愛。嘘ではごまかせない。恋心が冷める。不誠実。

仕事なら
- **正** 技術などの専門知識や、道具を使う仕事での成功。営業職。技術者。表現上手で説得力に富む。プレゼンテーションに吉。販売職。
- **逆** 小手先では通用しない。技術を磨く必要がある。準備不足。仕事や作業が思うように進まない。口約束に注意。器用貧乏。

その他なら
- **正** 夢を、実現に向けてスタートする。想像を働かせる。発展する。順調に物事が進むとき。ことを始めるタイミング。器用。表現。
- **逆** 嘘が可能性を制限。不器用でも正直でいよう。きっかけが必要。要領が悪い。ギャンブルは裏目に出る。狡猾さ。口車に乗る。

ヒント！
カードの流れから**正 逆**を読み分ける

無謀な自分に気づく → 用意を整えて始める **正** **逆** 理解が必要だと知る → 深い叡智を理解する

0［愚者］　　1［魔術師］　　2［女司祭長］

レベルアップの鍵
古代の叡智からのキーワード

生命の木では
ケテル - ホクマのパスに対応。**ひらめき**を意味する。

占星術では
水星に対応。**知性、情報、旅行**を意味する。

ワンモアアドバイス

このカードは、過去・現在・未来の、どのポジションに出るかがポイント。例えば、未来に出ると新しい進展のチャンスを意味し、過去に出ると「チャンスは過去にあった」、または「そのとき始まったことが運命的」ということになります。

第Ⅰ章　大アルカナを読み解く鍵

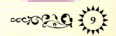

女司祭長 II

物事を受容し、理解する

　黒と白の2本の柱は、ユダヤ教のソロモン神殿の柱を表しています。神聖なブルーの衣をまとう女性は、神殿の入り口にたたずむ、無垢で従順な神の花嫁です。このカードは、智恵を受け取るために純粋であり、受容的であることを示します。足元の月は、女性の受容的性質のほか、神秘性やオカルティズムを意味しています。

第I章　大アルカナを読み解く鍵

Check①
ヤキンとボアズ（※）の頭文字「J」「B」が書かれた白と黒の2本の柱。
▶ 神の愛と試練を示し、2つの質の完全な調和を意味する。

※ソロモン神殿の2つの柱に名づけられた名前。

Check②
エジプト神話の女神イシスを示す冠を被り、ユダヤの律法書「TORA」を持つ。
▶ 智恵と才能を有する高貴な女性や、女性の母性を示す。

Check③
胸に十字を抱き、聖母マリアのような、青い衣をまとう女性。
▶ 処女性を示し、物事を純粋に受容する性質を表す。

Check④
ザクロの実とナツメヤシの描かれた幕で、向こうの世界を隠している。
▶ 叡智や高度な技術は簡単には明かされない。

＋α プラスアルファ
ザクロは、生命の木の形に配置されていてます。ナツメヤシは、「生命の木」のモデルとなった植物と言われています。
生命の木は、宇宙や社会や人間を解く奥義。深い叡智を学び、受け取ることを意味します。

ここがポイント
すでに高い知識を持っているのですが、さらに深い叡智を受け取るために、静粛で、繊細で、受容的であろうとします。叡智を受け取り、さらに理解を深めます。

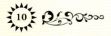

正位置×逆位置キーワード

正: 神秘／受動性／二元性／学問

逆: 潔癖／繊細／神経質／俗世離れ

リーディングのコツ

恋愛なら
- 正: 恋に不慣れで、気持ちをうまく表せない。プラトニックラブ。従順で清純な女性。受容的な態度でいることが吉。片思いの恋。
- 逆: 受動的で魅力がない人。恋愛や性に関してのコンプレックス。セクシャリティーに対する嫌悪感。恋愛に疎遠。不感症。独身。

仕事なら
- 正: カウンセラーなど、受容的な仕事に吉。調節役として才能を発揮。秘密厳守の仕事。学術的な仕事。事務職。看護師。サポート役。
- 逆: 受動的で面白くない仕事。仕事に対して真面目すぎるかも。ストレスで神経質になりやすい。仕事以外のことに閉鎖的。

その他なら
- 正: 受容的な感性で、さまざまなことに気づく。配慮や思いやり。神秘的なものへの興味。学びに対して真摯な態度。感受性。
- 逆: 世俗的なことへの嫌悪。近寄りがたい雰囲気。ナイーブすぎる。悩みの相談ができない。傷つくことへの恐れ。閉鎖的。潔癖症。

ヒント！ カードの流れから正逆を読み分ける

1〔魔術師〕 新しいアイデアを表現

2〔女司祭長〕 正: 受容的な愛で受け止める ／ 逆: 内向的で閉鎖的になる

3〔女帝〕 外の世界に愛を表現

レベルアップの鍵 古代の叡智からのキーワード

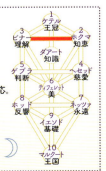

生命の木では
ホクマ－ビナーのパスに対応。**聖なる秩序**を意味する。

占星術では
月に対応。**受動的、神秘的、母性**を意味する。

ワンモアアドバイス

このカードは、世俗的なことより、精神的なことを大切にしています。物質的な満足感や金銭的な利益より、高い意識とつながることや精神性を大切にしているので、経済的活動や世俗的な事柄に対しては不得意な性格を示します。

第Ⅰ章　大アルカナを読み解く鍵

Ⅲ 女帝

愛を体験し、喜び溢れる状態

　実り豊かな麦の穂の中で、美しい衣装をまとった女帝がゆったりとクッションに身を委ねています。背後には小川があり、そこに描かれたイトスギは生命や豊穣を、さらには死も意味します。手前には麦の穂が描かれ、地上の豊かさを表しています。ここには生命のサイクルがあり、愛のエネルギーと豊かさに溢れています。

第Ⅰ章　大アルカナを読み解く鍵

Check①
王冠には、12星座を象徴した12個の星が輝いている。
▶ 天からは、男性性のエネルギーが地上に注がれる。

Check②
美しく装った女帝は、ザクロの実が描かれたドレスをまとっている。
▶ ザクロは多産を示し、愛され妊娠していることを意味する。

Check③
ハート型の楯に、金星のマークが描かれている。
▶ いろいろな攻撃から愛するものを守る、愛の強さを象徴。

Check④
実った麦の穂、小川と森林など、自然の豊かさが描かれている。
▶ 天の恵みを大地が受け取り、美しい世界が顕現する。

＋α プラスアルファ

豊穣の女神、母なるイシスであり、愛と美の女神アフロディーテでもある女帝は、地母神の象徴です。
愛によって男性性と女性性（※）のエネルギーが交わり、生命を育むことを意味します。

※男性性とは、他者に働きかける性質。女性性とは、他者の働きかけを受け入れる性質。

ここがポイント

［女帝］は、女性の幸せの象徴です。男性の愛を知って、彼女の美しさや愛が溢れています。愛のエネルギーが「形ある物」に表現されています。

正位置×逆位置キーワード

正		逆	
豊かさ	母性	わがまま	怠惰
繁栄	美的表現	愛着	贅沢

リーディングのコツ

恋愛なら
- 正 ▶ お洒落して美しさ・女らしさをアピール。母性本能をくすぐられる。愛されて幸せな恋愛。喜ばしい妊娠。年上の女性。豊かな結婚。
- 逆 ▶ 満足感がなく、愛を感じられない。人妻との恋。わがままな女性。母親が影響する恋。金銭目当てのつき合い。多情な女性。恐妻。

仕事なら
- 正 ▶ 適職は、美容やファッション関係。美的センスを活かす。人気商売。女性のリーダー。女性相手の仕事。保育関係の仕事。女将。
- 逆 ▶ 働かないでお金を得たいという気持ち。色気を売りにする。水商売。八方美人で仕事をしない人。目先の利益を優先する。お局様。

その他なら
- 正 ▶ 自分の魅力や美しさを表現する。リラックス。優美。美意識。優しさや温かさをアピール。母親との関係。母性。家事と育児。
- 逆 ▶ 女性との人間関係に悩む。若さや美しさへの執着。耽美主義。女王気取り。欲求不満。了見が狭い。八方美人。横着。肥満。

第Ⅰ章 大アルカナを読み解く鍵

ヒント！ カードの流れから 正 逆 を読み分ける

2［女司祭長］
自己を開放する必要

▶ 正

3［女帝］
愛される喜びを表現

▶ 逆
愛欲と物質への執着

4［皇帝］
豊かさを維持する力

レベルアップの鍵

古代の叡智からのキーワード

生命の木では
ケテル‐ビナーのパスに対応。**恩寵**を意味する。

占星術では
金星に対応。**愛と美、物質、女性性**を意味する。

1 ケテル 王冠
2 ホクマ 知恵
3 ビナー 理解
ダアート 知識
4 ヘセッド 慈愛
5 ゲブラ 判断
6 ティフェレット 美
7 ネッツァ 永遠
8 ホッド 反響
9 イエソド 基礎
10 マルクート 王国

ワンモアアドバイス

［女帝］は、世間で言う「女性の幸せ」を意味します。妊娠や出産、結婚により、生活が豊かになることを表します。ただしこのカードは、社会的な成功や名誉というより、個人的な充足や満足感を意味することが多いでしょう。

IV 皇帝

男性社会における成功

　皇帝は、地上の王となるために戦っています。王座に就いても戦い続けるのは、自分の地位を維持し勢力を拡大したいという野望を持つからです。鎧をまとう彼の表情は厳しく、さらなる高みを極めるために戦いが続くことを表しています。しかし、背後に壁のように立つ岩山は、権力の限界と、戦いの連鎖の不毛さを意味します。

第Ⅰ章 — 大アルカナを読み解く鍵

Check①
四隅に牡羊のレリーフのある石の王座に、堂々と座る皇帝。
▶ 牡羊は勇者の象徴。確固たる自信と誇りを持ち安定した状態。

Check②
右手には金星を象った笏（しゃく）を握り、左手は黄金をつかんでいる。
▶ 笏は権威を象徴し、黄金は物質の所有を意味する。

Check③
白髪の皇帝は、赤い衣と鎧をまとっている。
▶ 経験豊かな戦士。老いてなお戦う男性的なエネルギー。

Check④
皇帝の背後には、そびえ立つ岩山が描かれている。
▶ ［女帝］で生まれた豊かさが、戦いにより失われることを暗示。

＋α プラスアルファ
背景の朱色や皇帝の赤い衣は、強い情熱と男性的な実行力、カリスマ的なリーダーということを示しています。
男性社会での成功や、不動の地位と権力を象徴していますが、敵の攻撃を恐れ、鎧を脱げない緊張の世界です。

ここがポイント
［皇帝］は、所有と支配、愛の獲得と維持のために戦う、男性的なエネルギーを表すカード。男性的な成功、社会的な名誉や地位の確立を意味します。

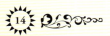

正位置×逆位置キーワード

正: 地位 / 権力 / 自信 / 父性
逆: 権威的 / 虚勢 / 栄枯盛衰 / 老化

リーディングのコツ

恋愛なら
- 正: 仕事への意欲が湧く恋愛。父親に恋人のことを話してみよう。男性は、性的エネルギーを正しく使う。頼りがいのある彼。
- 逆: 支配的で自分本位な男性。孤独を紛らわすための恋。DV。性的問題を持つ男性。恋愛より仕事優先。女性蔑視の男性。

仕事なら
- 正: 社会的成功。業界トップクラスの実力。リーダーシップを発揮。社会的の名誉を得る。仕事に誇りを持つ。責任感。社長。上司。
- 逆: ワンマン社長の会社。実力のないリーダー。厳しい状況。古い体制や古いやり方。パワーハラスメント。責任と重圧。

その他なら
- 正: 努力が報われ成功する。立場の安定。揺るがない信念。誇り。自信を持って正々堂々とする態度。父親との関係。継続力。
- 逆: 力が衰えていく。古い考えに固執して、身動きが取れない。過去の成功に執着する。プライドや傲慢さから孤独に。老化。

ヒント！ カードの流れから正逆を読み分ける

 3［女帝］ — 物を維持する力を欲求

 4［皇帝］ — 正: 男性的な力強さ / 逆: 力の衰退による争い

 5［法王］ — 思想による平安

レベルアップの鍵 — 古代の叡智からのキーワード

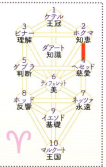

生命の木では
ホクマ-ヘセッドのパスに対応。寛大さを意味する。

占星術では
牡羊座に対応。頭領、創始する、勇敢さを意味する。

1 ケテル 王冠
2 ホクマ 知恵
3 ビナー 理解
ダアート 知識
4 ヘセッド 慈愛
5 ゲブラ 判断
6 ティフェレト 美
7 ネッツァ 永遠
8 ホッド 反響
9 イエソド 基礎
10 マルクート 王国

ワンモアアドバイス

社会的な成功を意味する［皇帝］は、「勝つために戦えるか」「自分と仕事に対して責任が持てるか」ということを問いかけます。情熱を持ち、信念を持ち、自分のやり方に誇りを持つからこそ、成功するのです。

第Ⅰ章 大アルカナを読み解く鍵

Ⅴ 法王
指導のもとに結束する

　法王は、イエス・キリストの教えにより、神の寵愛が得られるように導く、カトリックの精神的指導者です。修道士の服の模様の違いは、陰陽など、この世界にある相反するものが協調することを示します。法王の冠の3本の釘はヘブライ文字のヴァブ（釘）を示し、精神的なものと肉体的なものをつなぎ留めることを意味します。

第Ⅰ章　大アルカナを読み解く鍵

Check①
法王が被っているのは、冠を三段重ねた三重冠。
▶「天国」「煉獄」「教会」を意味し、天国へのプロセスを伝える。

Check②
法王は、儀式で使う、横軸が三重のパパル十字架を持ち祝福している。
▶人間は、神に愛され恵みを授けられていることを示す。

Check③
法王の下に2人の修道士が描かれた、全体で3人の人物という構図。
▶三位一体を象徴。3つがひとつになること、結束力を表す。

Check④
法王の足元にある鍵は、イエスがペテロに授けた、天国の扉を開ける鍵。
▶人は、愛を信じ心を開くことによって癒され、神に導かれる。

+α プラスアルファ
ローマ帝国の皇帝は、キリスト教を国教にしました。［皇帝］の権威が衰退しても、［法王］の権威は続きます。
武力的な支配力よりも、信仰による支配力の方が、強く長く引き継がれることを示します。

ここがポイント
このカードは、mission（教えの伝道とその使命）を示します。3人の人物が描かれた構図が示すように、組織における強い結束による発展を意味します。

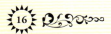

正位置×逆位置キーワード

正
- 伝導
- 援助
- 結束
- 儀式

逆
- 即物的
- 尊敬できない
- 分散
- 不信

リーディングのコツ

恋愛なら
- **正** 結婚に向かって進展する。仲介者を通して、良い出会いがありそう。伴侶と出会う。恋人を親族に紹介するのに良い。良縁。結婚式。
- **逆** うまくいっているわけではないが、別れそうもないつき合い。結婚の話は進展しない。性格の不一致。馴れ合いの関係。好色。

仕事なら
- **正** 上下のつながりが安定し、働きやすい会社。優秀な指導者。医師。使命を持って働ける仕事。組織力で成功。教育関係。宗教関係。
- **逆** 頼りにならない上司。指示に従わない部下。まとまらない組織。業務規範を守れない。援助が受けられない。ねずみ講。汚職。

その他なら
- **正** 良い先生と出会う。宗教に関する事柄。組織での活動。儀式。情報の発信と伝達。人材育成。心の扉を開く人。祝福。良心。
- **逆** 信頼できない人物。えこひいきする先生。教えや情報の歪曲。俗気の強い人物。信頼の悪用。マインドコントロール。ハラスメント。

ヒント！ カードの流れから正逆を読み分ける

4［皇帝］
物質社会の支配の限界

→ **正**

5［法王］
神の祝福による平安

→ **逆**

6［恋人たち］
神聖なものが世俗化する
罪のない愛の楽園

レベルアップの鍵

古代の叡智からのキーワード

生命の木では
ヘセッド-ゲブラのパスに対応。良心を意味する。

占星術では
牡牛座に対応。平和、安定、五感を意味する。

ワンモアアドバイス

［法王］は、先生を示すカードです。例えば、自分にとって［法王］は「○○先生」と決めておくと、「占って［法王］が出たら、○○先生に相談する」という使い方ができます。他のカードも同様に、固有の人物を示すカードとして使うことが可能です。

第Ⅰ章　大アルカナを読み解く鍵

恋人たち VI
自由意志による選択のとき

　エデンの園に暮らすアダムとイヴが描かれ、その2人を天使が見守っています。天使の背後には太陽が描かれて、2人が神によって祝福されていることを意味します。このカードは、親の愛と保護の下の自由な暮らしを示しています。彼らは全裸であることから、知恵の果実を食べる前の無知で純粋な神の子の姿を表しています。

第Ⅰ章　大アルカナを読み解く鍵

Check①
大天使ラファエルが、2人を保護するように描かれている。
▶ ラファエルは知恵の天使。知恵という神の導きを暗示する。

Check②
アダムはイヴを見つめ、イヴは天使を見つめて何かを呼びかけている。
▶ 興味対象の違いや、コミュニケーションのすれ違いを意味する。

Check③
イヴの後ろの知恵の木には、悪魔の化身の蛇が巻きついている。
▶ 知恵の果実を食べると、神の知恵を持てるという誘惑。

Check④
アダムとイヴは全裸で、エデンの園に暮らしている。
▶ 恥じらいを知らず、無垢な2人。神に愛され保護されている。

+α プラスアルファ

マルセイユ版の[恋人たち]は、恋の天使キューピッドの下に若い女性と老女、その間にいる若者の姿が描かれています。
[恋人たち]は、若い男女が理屈を超えて相手に魅かれる、純粋な恋心を示すカードです。

ここがポイント

知恵の実を食べた人間は、エデンの園を追放され、自分で考え選択しなければなりません。ここでの選択は、思考によるというより、興味や直感的な選択です。

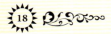

正位置×逆位置キーワード

正	逆
コミュニケーション	未熟
選択	優柔不断
若さ	軽率
パートナーシップ	離別

リーディングのコツ

恋愛なら
- 正：異性への興味と思慕。一目惚れの恋。ロマンチックなデート。純粋な恋心。話しやすくて楽しい異性。若い恋人。初恋。
- 逆：相手に対して興味がなくなる。恋愛そのものに対する興味。衝動的で軽率な恋。偽りの恋。嘘の多い恋人。浮気性。別れ。

仕事なら
- 正：情報を扱う仕事、変化の多い仕事は吉。若者向けのビジネス。婚活ビジネス。フランチャイズシステム。共同事業。会議。
- 逆：軽率な判断はトラブルの元。仕事への興味や情熱が冷める。人間関係の改善が必要。知識や技術の未熟さ。責任転嫁。迷い。

その他なら
- 正：流行やトレンドを取り入れる。しっかりと見極めて選択しよう。好奇心旺盛。好きなものに心を開くことで開運。パートナー。
- 逆：コミュニケーション不足で話が合わない。若さゆえの失敗。誘惑に負ける。身勝手な行動の責任が取れない。意志薄弱。

ヒント！ カードの流れから正逆を読み分ける

 誓約の下の愛と祝福
5〔法王〕

 正：個人の自由と愛の世界 / 逆：軽率さにより神と分離
6〔恋人たち〕

 生きるための挑戦
7〔戦車〕

レベルアップの鍵 古代の叡智からのキーワード

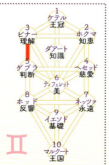

1 ケテル 王冠
2 ホクマ 知恵
3 ビナー 理解
ダアト 知識
4 ヘセッド 慈愛
5 ゲブラ 判断
6 ティフェレト 美
7 ネッツァ 永遠
8 ホッド 反響
9 イエソド 基礎
10 マルクート 王国

生命の木では
ビナー - ゲブラのパスに対応。認識を意味する。

占星術では
双子座に対応。好奇心、学習、二面性を意味する。

Ⅱ

ワンモアアドバイス

恋占い以外のテーマで占ったときに出るこのカードは、多くの場合、優柔不断でいる相談者に対して、「選択のときが来た」ことを暗示します。自分の感覚を大切にし、物事に対して客観的な視点を持って見極めましょう。

第Ⅰ章　大アルカナを読み解く鍵

VII 戦車

自分らしく生きるチャレンジ

　戦車に乗る若者は、占星術記号の描かれたベルトや象形文字の描かれた垂（たれ）を身に着けています。彼は知性と体力を備え、自分の才能や能力をこの世に打ち出していくために、育った町を背に勇敢に前進するのです。戦車には飛翔する魂と独楽のシンボルが描かれ、不安定さがあるものの、これからの活躍を期待させます。

第Ⅰ章　大アルカナを読み解く鍵

Check①
若者は戦車に乗り、鎧をまとい武装して、正面を向いている。
▶ 戦いに対し、準備を整えて、正々堂々と勝負する。

Check②
肩当てに装飾された月の向かって右の顔は笑い、左の顔は怒っている。
▶ 月は心を示し、彼のメンタルの不安定さを表わしている。

Check③
独楽（こま）の紋章の上に、黄色い円が描かれ、青い羽根が出ている。
▶ 物質界の活動を昇華させ、彼の魂が飛躍することを示す。

Check④
若者は、知恵のあるスフィンクス２頭を支配し、戦車を曳かせている。
▶ スフィンクスは、彼の野心と恐れの象徴。動物意識が原動力。

＋α プラスアルファ
カバラにおいて、戦車は「メルカバー（神の玉座）」と言われ、魂を乗せる乗り物として表されます。

魂は、心という器に乗って高い世界に上がります。［戦車］は、自分を高める旅に出るのです。

ここがポイント
［戦車］は、自分の道を自らの力で切り拓く象徴。挑戦なしに人生の勝利はありません。他の誰でもない、自分の人生を生きるために打って出るのです。

正位置×逆位置キーワード

正		逆	
前進	勝利	失敗	大敗
挑戦	自立	後退	暴走

リーディングのコツ

恋愛なら
- 正：告白に吉、積極的に愛情表現しよう。ドライブデートがおすすめ。男性がリードするおつき合い。理想の男性。恋の勝利者。
- 逆：強引な男性。性的な衝動で進展する恋。恋人とケンカになる。恋のライバルに負ける。振られる。相手を服従させようとする。

仕事なら
- 正：仕事で手柄を上げる。ライバルに勝つ。新規開拓が成功する。大きな舞台に打って出る。技術の向上。車に関係した仕事。
- 逆：強引な営業はトラブルの元。ひとつの失敗からバランスを欠く。経験不足による失敗。独断先行は裏目に出る。力が入りすぎ。

その他なら
- 正：正しいことを見極めて進む。努力し自分を高め勝利する。勝ち組。大志を抱く。新しいステージへ進む。若者の自立。向上心。勢い。
- 逆：勢い任せでは失敗する。前に進めない状況。車の事故に注意。失敗により自信を喪失する。自暴自棄。見切り発車。征服欲。

第Ⅰ章 大アルカナを読み解く鍵

ヒント！ カードの流れから正逆を読み分ける

カードの流れ：正しい選択が必要

自分の選んだ道を進む　正

負けて弱さに気づく　逆

本当の強さを知る

6〔恋人たち〕　7〔戦車〕　8〔力〕

レベルアップの鍵
古代の叡智からのキーワード

生命の木では
ゲブラ-ティフェレットのパスに対応。裁断を意味する。

占星術では
蟹座に対応。情緒、感情、内柔外剛を意味する。

1 ケテル 王冠
2 ホクマ 知恵
3 ビナー 理解
ダアート 知識
4 ヘセッド 慈愛
5 ゲブラー 判断
6 ティフェレット 美
7 ネッツァ 永遠
8 ホッド 反響
9 イエソド 基礎
10 マルクート 王国

ワンモアアドバイス

7番目の〔戦車〕は、ラッキーセブンを示します。天が味方し、勝利がもたらされるカードです。占いでこのカードが出たときは、物事が順調に進み、ライバルがいても勝利します。「人事を尽くして天命を待つ」。積極的に行動しましょう。

VIII 力
恐れを克服する強さ

　白い服を着た女性が、ライオンを手なずけています。カバラにおいて、ライオンは「動物意識」を、女性は「自己意識」を表しています。これは、感情反応などの動物意識を受容し、その力を元にさらに意識の力を高めることを示しています。その上で、「自分の内にある恐怖心をコントロールする知恵と意志こそが力である」と言っています。

第Ⅰ章　大アルカナを読み解く鍵

Check①
花の冠を被る女性の頭の上には、無限大∞のマークが描かれている。
→「自己意識」が「高次の意識」に成長する無限の可能性を示す。

Check②
花の冠を被る女性は、花のベルトと鎖でライオンとつながっている。
→「自己意識」は、「動物意識」と「高次の意識」につながっている。

Check③
赤いライオンを、白い服を着た女性が手なずけている。
→本能的欲求や恐れを無垢に受け入れる、愛の力と心の強さ。

Check④
草原で示された「植物意識」上に、女性とライオンが描かれている。
→この構図は、人間の意識の階層と、成長を表現している。

+α プラスアルファ
マルセイユ版では 8 が〔正義〕、11 が〔力〕ですが、ウェイト版では占星術の概念が導入されて、入れ替わっています。
人間の知恵によって、さまざまな道具を使い、新しい物を作り出すことを示します。

ここがポイント
自己保存の「植物意識」、自己顕示の「動物意識」、良心を示す「自己意識」というカバラの真理が描かれ、人間が恐れより愛を選び、成長することを示します。

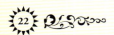

正位置×逆位置キーワード

正
- 意志力
- 受容力
- コントロール
- 克服

逆
- 制御できない
- 意志が弱い
- (恐怖に)負ける
- 無気力

リーディングのコツ

恋愛なら
- 正：相手を理解し、相手の気持ちを受け止めること。愛の力。障害を克服して気づく真実の愛。女性のペースで進む恋愛。
- 逆：恋愛成就のためには勇気が必要。性欲をコントロールすること。本当に好きなのか分からない。相手を支配しようとする。

仕事なら
- 正：難しい仕事を優れた知恵で乗り越える。動物に関する仕事。つらくても情熱を持ち続けられる仕事。説得力がある。課題克服。
- 逆：仕事に関する苦手意識。飼い犬に手を噛まれる。自信のなさ。相手のペースに呑まれる。手強い仕事。意欲が湧かない。知識不足。

その他なら
- 正：困難を精神力で乗り越える。知恵を使って問題を克服する。苦手を克服する強さ。弱さを認める強さ。強い意志。自制心。
- 逆：傷つくのが怖くて勇気が出ない。本能に負ける。手に負えない。感情のコントロールができない。欲求を押し殺す。飼い殺し。

ヒント！ カードの流れから正逆を読み分ける

 心の弱さを知る　恐れを受け入れる強さ
7［戦車］

 正　逆　本能に負ける
8［力］

 自己意識を高める
9［隠者］

レベルアップの鍵　古代の叡智からのキーワード

生命の木では
ヘセド-ティフェレットのパスに対応。**強さ**を意味する。

占星術では
獅子座に対応。**快活**、**大胆**、**勇気**を意味する。

ワンモアアドバイス

このカードは、「問題や課題を克服する鍵は、相談者の心の中にある」と伝えています。困難を乗り越えるのに大切なことは、冷静に現状を受け入れることです。そして、どんな困難でも必ず克服できる、克服すると心に決めてください。

第Ⅰ章　大アルカナを読み解く鍵

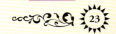

IX 隠者

納得するまで道を求める心

　雪の積もる山の上で、グレーの外套に身を包んだ老人が何かを探しています。この場所は［愚者］の背景にも描かれていて、人生のさまざまな経験をしてもなお、人生の答えを求める旅は終わらず、道を求め続ける彼の生き方を表しています。孤独な旅に出る老人は将来的に死に向かうことから、人生を顧みることを示しています。

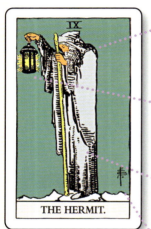

第Ⅰ章　大アルカナを読み解く鍵

Check①
老人の身を包んでいる、グレーのフード付きの外套。
▶ 外套は、外界をシャットアウトし、自分の世界に向かう象徴。

Check②
彼が右手に持つランタンの中には、六芒星が輝いている。
▶ 六芒星は叡智の象徴。神秘の光が彼を導いている。

Check③
ランタンの黄色い光と左手の黄色に光る杖を頼りに、彼は歩んでいく。
▶ この黄色の光は、トンネルの終わりに見る光。最後の試練。

Check④
ひと気のない荒涼とした雪の残る山の上に立ち、老人は歩んでいく。
▶ 世俗から離れて、道を追求する生き方が示されている。

＋α プラスアルファ
［隠者］は、霊的成長の探求者です。錬金術における、不老不死になる「賢者の石」を求めています。
このカードは、肉体を持つ人間の最後の悟りと、それに伴う変容の試練を示しています。

ここがポイント
物質界で得たさまざまなものは次の世界に持っていけないと悟った人間が、自分の人生を見つめ、光明を得たいと思う気持ちを描くカードです。

正位置×逆位置キーワード

正
- 真理の探求
- 内向的
- 非社会的
- 精神性

逆
- 疎外感
- 孤独
- 厭世観
- 隠れる

リーディングのコツ

恋愛なら
- 正：周りの人に内緒でつき合う。つき合うより片思いの方がいい。アピールが地味で気づいてもらえない。恋愛への関心が低い。
- 逆：認めてもらえないつき合い。ひとりが好きで、恋人はいらない。恋人に会えない孤独。恋愛では満たされない。性的倒錯。不倫。

仕事なら
- 正：（一般には知られていないが）高い知識と技術を持っている。ひとつの仕事を追求しよう。専門家向けの仕事。研究職への適性あり。
- 逆：会社での疎外感。専門家に受けるが一般受けしない。孤立。仕事がなかなか見つからない。仕事から逃げたい気持ち。退職。

その他なら
- 正：精神的なものを高める。道を究める。孤独を愛する。見つからない。自分と向き合う。会員制などオープンでない店。隠しごと。秘密。
- 逆：心を閉ざしている。人生から逃げている。環境に不適合。老人。人目を避ける。変わり者で偏屈な人。現実逃避。孤独。ひきこもり。

ヒント！ カードの流れから 正 逆 を読み分ける

 永遠の強さを求める
8［力］

→ 自分を見つめる旅 →

 正 / 逆 不老不死の探求
9［隠者］

→ 自己変容のとき →

10［運命の輪］

レベルアップの鍵

古代の叡智からのキーワード

生命の木では
ホクマ-ティフェレットのパスに対応。**霊性の探求**を意味する。

占星術では
乙女座に対応。**分析、几帳面、控えめ**を意味する。

ワンモアアドバイス

［隠者］のカードは、孤独というテーマで出ることが多いです。ひとりになりたいときや、人と関わりたくないとき、仕事などに追われて現実逃避したいときに出やすいです。また、このカードは、隠したいことがあるときに、バレないで隠すことができることを暗示します。

第Ⅰ章 大アルカナを読み解く鍵

運命の輪

運命的な変化のとき

雲に隠された空間には、それぞれ聖書を開いた牛・ライオン・鷲・人間（天使）が、内側にはエジプトの神々が輪に触れる形で描かれています。輪には「TORA」（律法の書）と、神の名を記す聖四文字（ヨッド・ヘー・ヴァブ・ヘー）が書かれています。車輪は回転するので、天命や運命的なタイミングを示しています。

Check①

四隅には、牛（牡牛座）、ライオン（獅子座）、鷲（蠍座※）、人間（水瓶座）が。

▶ 人智を超えた宇宙のエネルギーを意味し、その法則を示す。

※蠍のエネルギーは、天に昇ると鷲になる。

Check②

車輪の周りに守護神スフィンクス、悪魔デュポン、冥界へ魂を運ぶアヌビス。

▶ 魂は冥界に入り、冥界神によって魂の罪の重さが量られる。

Check③

上がるもの、落ちるもの、運命の輪に乗っているエジプトの神々。

▶ 車輪は、運命のサイクルや死と再生の輪廻を表現している。

Check④

車輪には、入り口を意味する「TORA」とヤハウェの神を記す聖四文字。

▶ 大いなる神の法則により、新しいステージの入り口に誘われる。

＋α プラスアルファ

預言者エゼキエルの幻視には、神の玉座を運ぶ牛・ライオン・鷲・人間（天使）が出てきます。

意識が変容し、神聖な世界へ誘われます。［隠者］で人智を尽くすことを、［運命の輪］で天命や天の導きを示します。

ここがポイント

物事が変化し、新たなステージに向かうときを暗示します。古いサイクルは終わり、新しいサイクルが始まります。運命の法則は、その連鎖であることを示します。

正位置×逆位置キーワード

正	逆
好機	不運期
サイクル	タイミングが悪い
展開	遅れる
許可	因果応報

リーディングのコツ

恋愛なら
- 正：告白のタイミング。交際は順調に進む。恋愛成就。恋のチャンス。運命的な出会い。会う回数がだんだん増えそう。モテ期。
- 逆：タイミングが合わずにすれ違う。気持ちが乗らないデート。気持ちのピークは過ぎた恋。振られる。交際が長続きしない。

仕事なら
- 正：新しいビジネス。変化の多い仕事での成功。チャンス到来。空に関係する仕事。自動車に関係する仕事。転職。好調期。
- 逆：仕事がはかどらない。政治・経済の影響を受けて停滞する。タイミングが悪く、認めてもらえない。良い仕事がない。不調期。

その他なら
- 正：運命が好転する。時間の使い方を変える。心を開くと開運する。人生の新しいステージ。運命的であり自然な流れ。合格。許可。
- 逆：物事が停滞し気持ちが乗らない。タイミングが合わない。不況。時間が足りない。変化が遅い。運が悪い。不合格。出遅れる。

ヒント！ カードの流れから正逆を読み分ける

 霊的成長を求める
9［隠者］

 新しいステージの入口　正→逆 運命のサイクルを知る
10［運命の輪］

 運命の法則による裁き
11［正義］

レベルアップの鍵　古代の叡智からのキーワード

生命の木では
ビナー－ティフェレットのパスに対応。天命の理解を意味する。

占星術では
木星に対応。寛大、許可、発展を意味する。

ワンモアアドバイス

［運命の輪］が時間軸の「過去・現在・未来」に出ると、そこが「運命のとき」という意味になります。時間軸以外にも、「本心」のポジションに出たら、「本心」を意識すること、または変えることでチャンスをつかむという意味になります。

第Ⅰ章　大アルカナを読み解く鍵

XI 正義

秩序に基づき、物事を正しく判断する

　正義の女神は、右手に理性を示す両刃の剣を持ち、刃は自らと相手に向けられています。これは、自分を正して相手を正すことの象徴です。善悪を量る左手の天秤は、両者のバランスを取ることを意味します。女神のモデルをギリシア神話のテミスとすると、［正義］は普遍的な秩序と公正な精神の象徴と言えるでしょう。

Check①
正義の女神が座る、石造りの2本の柱の構図。
▶ 神聖な場所を示す。このカードの場合、霊界の入り口を示す。

Check②
赤い幕の後ろの世界は、黄色の背景色で描かれている。
▶ 幽界に満ちる光明の光。智恵と気づきの光に満ちている。

Check③
正義の女神は、右手に剣を持ち、左手に天秤を持っている。
▶ 剣は、裁きや判断を示し、天秤は公正さを意味する。

Check④
背後の赤い垂れ幕と、赤い衣をまとう正義の女神。
▶ 正義の、純粋でまっすぐでパワフルなエネルギーを示す。

＋α プラスアルファ
エジプトの死者の書には、正義の女神マアトの羽根と死者の心臓を天秤に掛け、罪の重さを量るとあります。原因が自分の心にあり、結果としての人生があるということ。因果応報、カルマを示すカードです。

ここがポイント
このカードは、宇宙にある法則、神の法則を示します。つまり因果律を表し、原因を知り自分を正せば、必ず良い結果を得ることができることを意味します。

第Ⅰ章　大アルカナを読み解く鍵

正位置×逆位置キーワード

正: 真実 / 公正 / 秩序 / 人間関係

逆: アンバランス / 公私混同 / 両立不可 / 板挟み

リーディングのコツ

恋愛なら
- 正: 相手と自分のバランスが取れて、良い相性の人。相思相愛。良縁。ギブアンドテイクの関係。（法的な）結婚。お見合い結婚。縁談。
- 逆: 相手に気を使いすぎてリラックスできない。契約としての結婚。結婚の話は進まない。不倫の関係。不釣合い。性格の不一致。

仕事なら
- 正: 法律関係の仕事に良い。行政に関わる仕事。相互利益を考える。正社員での雇用。公正な取引による契約成立。公共事業。契約。
- 逆: 公私のバランスが取れない。非正社員での雇用や契約社員。人間関係の不和で働きにくい。契約違反に注意。不条理な仕事。

その他なら
- 正: 正しい判断。物事を冷静に見極める力。人間関係の調和。大義。理性と感情のバランスが取れている。正義に基づく強い意志。
- 逆: 必要以上に自己正当化をする。裁判は不利。制度に合わない。両立は難しい。バランスが取れない。偏見。矛盾。因果応報。

ヒント！ カードの流れから 正逆 を読み分ける

10 [運命の輪] — 負のサイクルから抜ける → 正 自分を正す — 11 [正義] — 逆 原因と結果を知る → 自分のカルマに気づく — 12 [吊られた男]

レベルアップの鍵 — 古代の叡智からのキーワード

生命の木では
ケテル - ティフェレトのパスに対応。**中庸**を示す。

占星術では
天秤座に対応。**平等、調和、社交性**を意味する。 ♎

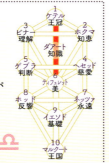

ワンモアアドバイス

[正義] は、正義を問いただすカードです。正しいことを行うなら、うまくいきます。大義を持って理想を貫くとき、正義の女神が導いてくれるでしょう。そのほか、人間関係を占うと、バランスを取ることを教えるカードです。

第Ⅰ章　大アルカナを読み解く鍵

吊られた男

XII 献身による喜び

　十字架に逆さ吊りにされ処刑される男性は、人類の罪を贖うイエス・キリストの愛を思い出させます。男は足で十字を組み、恍惚とした表情を浮かべて、頭部から光を放っています。彼は試練に耐え、それを受け入れることにより気づきを得たのです。左右に葉が茂る木は、過去・現在・未来に生きる魂の性質と不変性を示します。

第Ⅰ章　大アルカナを読み解く鍵

Check①
男は、T十字（タウ十字）に架けられている。
▶「T」十字は「―」（天）と「｜」（人）の交わり、神と人の交流を示す。

Check②
彼は、逆さ吊りにされている。
▶逆さ吊りによって、違う視点で物事を見るという暗示。

Check③
手は後ろに縛られ、何かを隠しているようにも見える。
▶手出しのできないことや、手の内を隠していることを示す。

Check④
処刑されようとしているのに、彼は恍惚とした表情を浮かべている。
▶自己鍛錬や自己修行など、苦行による悟りを示す。

＋α　プラスアルファ
北欧神話の主神オーディンは、自らをユグドラシル（世界樹）に吊るし、最高神（自ら）に捧げて啓示を得ました。男が笑っているのは、最も聖なるものに自分を捧げ、奉仕することへの喜びを示しています。

ここがポイント
［吊られた男］の示すことは、試練に耐える中での気づきです。認識を変えることで意識が変わり、苦しみの中にも喜びを見つけることができるのです。

正位置×逆位置キーワード

正	逆
試練 / 奉仕	忍耐 / 我慢の限界
見方を変える / ひらめき	妄想 / 自己犠牲的

リーディングのコツ

恋愛なら
- **正** 相手に尽くす喜び。喜んで与えられる愛。奉仕的な愛情表現。どんなときも相手を信じる強い愛。相手に必要とされる安心感。
- **逆** 自己犠牲的な愛情表現。自己価値が低いので、相手に従属する。信仰するような愛し方。尽くしても無駄。束縛と依存の関係。

仕事なら
- **正** 肉体的には厳しい仕事でも、精神的には充実している。修行中。看護や介護など、献身的な仕事。ボランティアとして働く。試練。
- **逆** 仕事を辞められる状況でない。嫌でも断れない仕事。ただ働き。息の詰まる職場。頑張っても報われない。打つ手がない。

その他なら
- **正** 違う視点で物事を考えよう。手の内を隠す。自己価値を知る。ストレスがかかって才能を発揮する。献身的。試練からの学び。
- **逆** マインドコントロールが解ける。気づいていても真実を見ない。ほかに行く所がないから留まる。身動きが取れない。罪悪感。

ヒント！ カードの流れから正逆を読み分ける

 罪を問われ → 自らの過ちに気づく / 自ら罪を罰する → 苦しみからの解放

11［正義］　　12［吊られた男］　　13［死神］

第Ⅰ章 大アルカナを読み解く鍵

レベルアップの鍵 古代の叡智からのキーワード

生命の木では
ティフェレト-ネッツァのパスに対応。喜びを意味する。

占星術では
海王星に対応。癒し、慈愛、依存を意味する。

生命の木図：
1 ケテル 王冠
2 ホクマ 知恵
3 ビナー 理解
ダアト 知識
4 ヘセッド 慈愛
5 ゲブラ 判断
6 ティフェレト 美
7 ネッツァ 永遠
8 ホッド 反響
9 イエソド 基礎
10 マルクート 王国

ワンモアアドバイス

［吊られた男］は、活動や行動レベルではなく、心理や思考レベルが変わることを暗示します。相談者にとって、思いの強さが試されるカードです。また、長期間に渡る苦悩を伴う変容を意味しています。

XIII 死神

終わりに向かうプロセス

　骸骨の騎士である死神は、ゆっくりと白馬に乗って歩んでいます。死は、権力者にも、信仰者にも、無邪気な子供にも、無垢な乙女にも、老若男女を問わず訪れます。死神は、命の終わりを告げ再生に誘うのです。死神の兜の赤い羽根は、［愚者］や［太陽］にも描かれており、死は神の摂理の一環であることを意味します。

第Ⅰ章　大アルカナを読み解く鍵

Check①
死神は、黒地に白いバラの紋章のついた旗を持つ。
▶ 黒は終わりを、白は明け渡しを示し、バラは昇華の象徴。

Check②
死神は黒い甲冑をまとい、狂気的な赤い眼を持つ白い馬に乗っている。
▶ 死神の破壊と再生の絶対的な力を示している。

Check③
死神の後ろには三途の川が流れ、青い世界に太陽が沈む。
▶ 太陽は生命力の象徴。沈む太陽は、霊的世界に昇る太陽。

Check④
馬の足元に落ちているホルン。
▶ 魂を導き癒す、音のバイブレーション。（使用されていない）

＋α プラスアルファ
ウェイト版以外のタロットでは、死神は大鎌を持った姿で描かれていて、収穫のときを示しています。
［死神］は、四季の秋を意味し、実りと収穫を示します。死神は人生の終わりで、魂の学びを収穫するのです。

ここがポイント
［死神］は、物事のサイクルの中にある終わりを示します。始まりがあれば、終わりがある。［死神］は急にやってくる終わりではなく、終わりに向かうプロセスです。

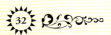

正位置×逆位置キーワード

正		逆	
終末	変容	終止	移行
衰弱	潮時	違う世界	縁が切れる

リーディングのコツ

恋愛なら
- 正：おつき合いを続けたいなら、相手と距離を置く。悪縁を切る。別れ。恋は終わりに向かっていく。会いたくても会えない。遠距離恋愛。
- 逆：発展しない恋愛を終わらせる。恋愛休止期間。未練を断てない。終わった恋を受け入れて、新しい恋へと移行。別れの悲しみ。

仕事なら
- 正：仕事を辞めたいと思っている。成績や売り上げは下り調子。最後まで仕事を進める。勤務先の異動。遠方への出張。転職。
- 逆：古いやり方を捨て、新しいやり方に変えること。仕事を辞める。仕事の意欲が起こらない。発展しないと分かる仕事。低迷期。

その他なら
- 正：環境を変えたいと思っている。積極的に終わらせること。止める。イメージチェンジ。旅行に吉。諦める。執着を捨てる。降伏。衰運。
- 逆：熱意や興味が起こらない。喪失の悲しみを引きずる。無味乾燥。終わりを受け入れて、新しいスタートに向かう。変容の時間。

第Ⅰ章　大アルカナを読み解く鍵

ヒント！ カードの流れから正逆を読み分ける

12〔吊られた男〕	13〔死神〕	14〔節制〕
罪の償い	正 プロセスの終わり → 逆 再生への意識変容	浄化と癒し

レベルアップの鍵

古代の叡智からのキーワード

生命の木では
ヘセッド-ネッツァのパスに対応。**変成**を意味する。

占星術では
蠍座に対応。**死、霊的世界、洞察**を意味する。

1 ケテル 王冠
2 ホクマ 知恵
3 ビナー 理解
ダアート 知識
4 ヘセッド 慈愛
5 ゲブラ 判断
6 ティフェレト 美
7 ネッツァ 永遠
8 ホッド 反響
9 イエソド 基礎
10 マルクート 王国

ワンモアアドバイス

〔死神〕は、この世からあの世への移行を意味します。それは、自分のいる世界から、違う世界に行くこと。実占では、海外旅行や遠方旅行、留学や海外赴任など、知らない世界に出かけるときにもこのカードは出てきます。

XIV 節制
運命的で自然な流れ

　舞い降りた天使の右足は水面に触れ、左足は地面に触れています。そこは、自然が広がりアイリスが咲く肥沃な土地です。天使が2つのカップを持ち、水を移し替えています。このカードは、魂のエネルギーの移行を意味します。また、錬金術のプロセスで［死神］は黒化（腐敗）を示し、［節制］では白化（浄化）を示しています。

第Ⅰ章　大アルカナを読み解く鍵

Check①
豊かな土地に、大天使ミカエルが舞い降りる。
▶ ミカエルは「神に似たもの」という意味。聖なる戦いと浄化の天使。

Check②
天使の胸には、四角（□）の中に三角（△）を重ねた記号が。
▶ 物質（□）の中の三位一体（△）。7［戦車］のエネルギーに関与。

Check③
カップからカップへと、水が移し替えられる。水は一滴の無駄もない。
▶ 古い器から新しい器へ愛と叡智のエネルギー、魂が移行する。

Check④
軽く水面と地面に接触している天使の足。
▶ 現実と感情に触れながらも、深みにはまらない態度を示す。

+α プラスアルファ
魂は、ミカエルにより癒されて浄化されます。魂の学んだことすべてが、古い器（心）から新しい器に移されます。

つらい経験が癒されたとき、それは大いなる気づきとなって、生きることに智恵と調和がもたらされることを示します。

ここがポイント
自然の摂理を象徴する［節制］。流れを受け入れ調和することができれば、起こっていることがスムーズに進みます。物事に冷静に関わることを教えるカードです。

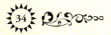

正位置 × 逆位置キーワード

正
- 自然
- 純粋さ
- 浄化
- 環境

逆
- 不調和
- 不浄
- 隙のなさ
- 非客観性

リーディングのコツ

恋愛なら
- 正：お互いの心と心が通じ合っていく。だんだんと愛が深まる。バランスが取れた良い関係。古い恋から新しい恋へ。純愛。
- 逆：分をわきまえたおつき合いをすること。受け入れがたい相手。注いだ愛情が分からない相手。だんだん気持ちが離れていく。

仕事なら
- 正：正確でミスのない仕事ぶり。働く環境が整っている。順調。効率良く物事が進む。手際良く無駄がない。完璧にこなす。
- 逆：ミスやロスが多く、なかなかはかどらない。仕事に厳しすぎる。機械的な作業で気持ちが入らない。意欲が湧かない環境。非効率。

その他なら
- 正：時間の経過とともに、良い方向に進んでいく。自然治癒力。秩序。物事の移行。別の場所に行く。節度正しい。無駄がない。規律。
- 逆：惰性で物事を進める。無駄の多い作業。生活習慣病に注意。正確さを求めるあまり、厳しくなりすぎる。悪循環。倹約家。

第Ⅰ章　大アルカナを読み解く鍵

ヒント！ カードの流れから正逆を読み分ける

死と再生
13［死神］

自然の流れを受け入れる
正　逆
節度を越えた欲求
14［節制］

強欲

15［悪魔］

レベルアップの鍵
古代の叡智からのキーワード

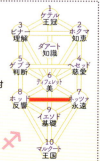

1 ケテル 王冠
2 ホクマ 知恵
3 ビナー 理解
ダアート 知識
4 ヘセッド 慈愛
5 ゲブラ 判断
6 ティフェレット 美
7 ネッツァ 永遠
8 ホッド 反響
9 イエソド 基盤
10 マルクート 王国

生命の木では
ネッツァ-ホッドのパスに対応。**バランス**を意味する。

占星術では
射手座に対応。**秩序、率直さ、スピード**を意味する。

ワンモアアドバイス

大天使ミカエルを示すこのカードは、占いを守護するカードとして、占いをする前から場に置いて、タリズマン（護符）として使うこともできます。大天使ミカエルに邪気を祓ってもらい、占いを守護してもらいましょう。

35

XV 悪魔

欲望による変容

　悪魔は錬金術の象徴であり、偶像崇拝の象徴でもあります。自由意志を使うことを止め、快楽の虜になった男女には、動物の象徴である角や尻尾が描かれています。彼らは人間の能力である自由意志による創造を忘れ、動物的な欲望に支配されています。鎖は緩やかにかけられて外せそうですが、自ら悪魔に束縛を求めています。

第Ⅰ章　大アルカナを読み解く鍵

Check①
山羊の角、コウモリの羽根、鳥の足を持つ悪魔。
▶ 異質なものを合わせ、新たなものを作る錬金術（化学）を象徴。

Check②
暗闇の中、悪魔の持つ松明の炎が燃えている。
▶ 絶望の中、松明の光（人工の光）が、人の心に明りをもたらす。

Check③
鎖につながれた男女。男は手を伸ばし、快楽を求める。
▶ 情欲の虜になる男女。男女の腐れ縁を示す。

Check④
人間の獣性を示す、男性と女性の姿。
▶ 「自己意識」よりも、「動物意識」に支配されている象徴。

＋α プラスアルファ
魔術師「エリファス・レヴィ」が描いた「バフォメット」を元に、錬金術を具現化した存在としての悪魔を描いています。
錬金術（ヘルメス思想）は、意識を高めて神とつながり、創造的に生きることを目的とします。

ここがポイント
［悪魔］は人間を誘惑し、欲を持たせます。欲望は潜在的な力を引き出しますが、健全なバランスや、本来持っている才能を奪うものでもあります。

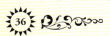

正位置×逆位置キーワード

正: 囚われる / 欲望 / 堕落 / 苦悩
逆: 無駄な努力 / 悪化 / 破滅への道 / 依存症

リーディングのコツ

恋愛なら
- 正: 悪い人と知りながらも惹かれる。愛より欲でつき合う。腐れ縁。性的なことに心を奪われる。小悪魔的魅力。不倫。誘惑。束縛。
- 逆: 愛が憎しみに変わる。不倫恋愛のもつれ。狂おしいほどの情愛。相手を力で束縛し、支配しようとする。望まない妊娠。破滅的な恋。

仕事なら
- 正: 絶対的な支配者。仕事に対する強いこだわり。八百長や談合。きれいごとではすまされない仕事。脱法行為による利益。野心。悪徳。
- 逆: 組織や仕事を辞められない。重すぎる責任。報われない努力。違法行為に関与させられる。手を出してはいけない仕事。性風俗。

その他なら
- 正: 強すぎる執着が心を狂わせる。快楽に溺れる。劣等感。人工的。抑えられない衝動。不安や恐れに支配される。自己否定。悪化。
- 逆: 耐え難い痛みや苦しみ。権力への執着。薬が効かない。憎しみ。落ちるところまで落ちる。薬物依存。強迫観念。絶望。偽物。犯罪。

ヒント！ カードの流れから正逆を読み分ける

14［節制］
自然の循環からの恩恵

正 →

15［悪魔］
人工的な創作による利益

逆 →

16［塔］
強欲による破滅への道 / 破壊的な神の救済

レベルアップの鍵 — 古代の叡智からのキーワード

生命の木では ゲブラーホッドのパスに対応。**悪癖**を意味する。

占星術では 山羊座に対応。**努力**、**権力**、**劣等感**を意味する。

1 ケテル 王冠
2 ホクマ 知恵
3 ビナー 理解
ダアート 知識
4 ヘセド 慈愛
5 ゲブラー 判断
6 ティフェレト 美
7 ネッツァ 永遠
8 ホッド 反響
9 イエソド 基礎
10 マルクート 王国

ワンモアアドバイス

［悪魔］をポジティブに読むと、「欲を持つこと」です。欲があるから頑張りますし、知恵を搾り出します。ネガティブな［悪魔］は、抜けられない状態かもしれません。誰かに助けを求める勇気を持つことが大事です。自分を過信しないこと。

第Ⅰ章　大アルカナを読み解く鍵

37

XVI 塔

衝撃的な出来事が起こり、壊れる

　そびえ立つ塔に稲妻が落ち、炎が上がり、男女が落ちていきます。塔の天辺にあった王冠は、落雷によって弾き飛ばされています。落雷により炎上していることから、塔が示す人工的な力や権威は、自然の力の前になすすべもなく崩壊しています。また、稲妻は神のエネルギーを表しますので、強烈な神の啓示を得たとも言えるでしょう。

Check①
暗闇に稲妻の光と、光の雫が描かれている。
▶ 絶望を示す闇を裂く、神の救済としての光を表現している。

Check②
落雷の衝撃によって、飛ばされる王冠。
▶ 地上界（人間界）における知的活動の崩壊を意味する。

Check③
四角い塔に炎が上がり、3つの四角い窓からも炎が上がっている。
▶ 四角は物質を示し、積み上げてきたものの崩壊を意味する。

Check④
塔で密会していた男女は、落雷の衝撃で落ちていく。
▶ 不倫を意味し、アクシデントによる関係の露呈を表す。

＋α プラスアルファ
神を敬うことを忘れた人間に聖なる力を示す、旧約聖書の「バベルの塔」をモデルに描かれたカードです。
物質界の欲望に囚われた人間を、聖なる力によって解放する［塔］は、人間の力を凌ぐ、驚異的な神の力を象徴しています。

ここがポイント
アクシデントによって、今までやってきたことが崩壊します。悪事は露呈し、権威は失墜します。それは、閃光のように急に起こる出来事です。

第Ⅰ章　大アルカナを読み解く鍵

正位置×逆位置キーワード

正
- 破壊
- ショック
- アクシデント
- 性的刺激

逆
- 事故処理
- 権威の失墜
- 組織の破綻
- スキャンダル

リーディングのコツ

恋愛なら
- 正：一方的に別れを告げられる。不倫がばれる。関係が壊れる。暴力的な恋人。相手への信頼の崩壊。突然の別れ。処女喪失。
- 逆：三角関係のトラブル。別れ話がこじれる。家庭内暴力。DV。セックスによる快感の絶頂。予期せぬ妊娠。同性愛。勃起不全。

仕事なら
- 正：予期せぬアクシデントで仕事を辞める。組織にメスが入る。不正がばれる。キャリアに大きな傷がつく。倒産。建築関係。
- 逆：起こったアクシデントに対応できない。地位や名誉を失う。アクシデントの後のさらなるトラブル。倒産後の問題。リストラ。

その他なら
- 正：急に状況が悪くなる。信念が崩壊する。衝撃的な事実を知る。アクシデントによるパニック。信頼喪失。トラブル。天災。破壊。
- 逆：ダメージからの復帰は容易ではない。非常事態が続く。崩壊。ショックから立ち直れない。壊れたものは元に戻らない。人災。

第I章　大アルカナを読み解く鍵

ヒント！ カードの流れから正逆を読み分ける

 人工的な力の限界
15［悪魔］

→ 正 破壊的な方法での救済

 破壊による混乱
16［塔］

→ 逆

 暗闇の中の光
17［星］

レベルアップの鍵

古代の叡智からのキーワード

生命の木では
ティフェレト-ホッドのパスに対応し、**苦しみ**を意味する。

占星術では
火星に対応。**セックス、トラブル、情熱**を意味する。

ワンモアアドバイス

このカードが出ると、比較的早い時期（占う内容にもよりますが、1ヵ月以内）に、アクシデントや予想外のことが起こります。また、［塔］は、特定の建物や組織、父親や社長など、権威的な対象を指すカードとしても出現します。

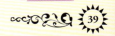

XVII 星

新しいアイデアに気づき、活かす

大きく輝く星とその周りの小さな7つの星。合計8つの星には、それぞれ閃光が8本あり、永遠の光を放っています。女性が池と大地に、生命を育む水を注いでいます。彼女は星の女神であり、豊かさの象徴です。女神は、地球のすべての存在に愛と智恵と生命を育むエネルギーを注いでおり、地上にもたらされる天の恩恵を示しています。

第Ⅰ章　大アルカナを読み解く鍵

Check①
大きく輝く星は、明けの明星の金星、もしくは恒星シリウス。
▶ 古代では、金星やシリウスを豊穣の吉兆としていた。

Check②
右奥に描かれた木に止まっている、朝を告げる鳥。
▶ 暗い夜がまもなく終わり、新しい希望の朝が訪れる。

Check③
星の下、裸体の女神が、水中と大地にひざまずいている。
▶ 陰陽のバランスを取る、ありのままの飾らない自己を表す。

Check④
星の女神は、2つの水瓶を持って、池と大地に水を注ぐ。
▶ 天からの2つのエネルギーが地で混ざり合い、やがて形となる。

＋α プラスアルファ
女神のモデルは、金星美神イナンナ、イシュタル、ウェヌス、アスタルト。シリウス信仰のエジプト神話イシスを描いているとも。［塔］の男性性のエネルギーを女神が受け取り、地上に2つの質が注がれ豊かになります。

ここがポイント
虚栄の崩壊である［塔］の後、本質的な自己の美しさに気づきます。それは、高次の意識とつながり、自然と共鳴して生きる新しい人類の知恵を象徴しています。

正位置×逆位置キーワード

正		逆	
希望	願望実現	理想が高い	博愛
アイデア	恵み	無駄が多い	目標設定

リーディングのコツ

恋愛なら
- 正：新しい恋が始まる。理想的なおつき合いができる。憧れの人。遠距離恋愛。魅力的な美しい女性。マドンナ。妊娠の兆候。
- 逆：友達から進展しない。理想の相手が出てこない。同性に恋する。手が届かない人。距離は縮まらない。憧れのまま。想像妊娠。

仕事なら
- 正：最先端の技術を導入する。感性を活かした仕事で成功する。再生可能エネルギーを使う。IT関係の仕事。公務員。福祉関係。
- 逆：ロスが多く、見直しが必要。斬新すぎて受け入れてもらえない。理論上は可能でも、技術的には難しい。仕事の目標を失う。

その他なら
- 正：新しいアイデアがひらめく。目標を設定すれば実現する。エコロジー。最新の科学への興味。自然美。（平等に）与える。新しい兆し。
- 逆：現実的でない理想。適切な目標設定をすること。与えすぎている。満たされているのに孤独を感じる。理想を追求して孤立する。

ヒント！ カードの流れから正逆を読み分ける

 破壊による喪失

→ 希望の光 正 逆 目的への遠い道のり →

 道を進む不安

16［塔］　17［星］　18［月］

レベルアップの鍵

古代の叡智からのキーワード

生命の木では
ティフェレト－イエソドのパスに対応。正直を意味する。

占星術では
水瓶座に対応。平等、博愛、個性を意味する。

ワンモアアドバイス

［星］のカードは、夢の実現を示します。正しく目標設定すれば、夢が形になります。それは受胎後、決まった期間を経て赤ちゃんがこの世に生まれるのと同じです。願望実現のコツは、実現可能な夢を持ち、計画を立て実行することです。

第Ⅰ章　大アルカナを読み解く鍵

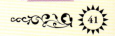

XVIII 月

未来への漠然とした不安

夜空に浮かぶ月には、いぶかしげな表情を浮かべた女性の横顔が描かれています。月は心の中を示し、苦悩や心配、不安を表しています。月に向かって遠吠えしている狼と犬、さらに後ろには水面から這い上がるザリガニの姿が描かれています。これらの構図は、潜在意識が上層意識に働きかけること、虫の知らせを暗示しています。

第Ⅰ章　大アルカナを読み解く鍵

Check①
悩む月の顔が描かれ、周りに光が漏れている。
▶ 日食を示すとも言われ、心によぎる一瞬の闇、煩悩を象徴している。

Check②
月に向かって遠吠えをする狼と犬。
▶ 狼と犬は、衝動的な感情反応や本能的要素を意味する。

Check③
池から山の奥へ続く、黄色く輝く道。
▶ 月光の下、見通しは悪くても、道ははっきりと見えている。

Check④
水面にさざ波が立ち、水の中に棲む生物・ザリガニが現れる。
▶ 潜在意識に潜む情報が、顕在意識に現れることを示す。

＋α プラスアルファ

月は2本の柱の間に描かれていますが、この柱は［死神］にも描かれている、この世とあの世の境目です。
［塔］は射精、［星］は受精、［月］は胎児。［月］では、まだ形の決まらない不安定な世界にいることを示しています。

ここがポイント

先に何が潜んでいるか分からない、それでも進むべきか？［月］は、そんな心の迷いを示します。また、考えても分からないときに起こる妄想と本能的感覚を意味します。

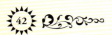

正位置×逆位置キーワード

正		逆	
不安	迷い	不安の解消	潜在意識
霊感	曖昧さ	隠れた敵	本能

リーディングのコツ

恋愛なら
- 正：相手のことがよく分からない。不安な恋愛。先の見えない恋。ムードに流されたつき合い。浮気心。三角関係。心変わり。
- 逆：交際の未来のイメージが浮かぶ。どっちつかずの三角関係。相手に対して受動的だった自分に気づく。妊娠に関する不安。

仕事なら
- 正：仕事の適性への不安（向いているかどうか）。仕事のストレス。転職への迷い。ムードの悪い職場。仕事の先行きへの不安。
- 逆：自分に自信が持てるようになるために仕事を続ける。夜の仕事。迷いながらも決断し仕事を進める。公私のけじめをつける。

その他なら
- 正：不安で自信がなくなる。どうすればいいか分からない。悩み。隠れた敵の存在を感じる。感情が乱れる。未来への不安。幻想。
- 逆：何に対しての感情（不安）か理解する。心のバランスを取る。自信はなくても進む道が見えている。敵や問題が見えてくる。

ヒント！ カードの流れから正逆を読み分ける

 高く掲げた理想
17［星］

 正 進む道への不安　逆 不安ながらも進む
18［月］

 目標達成の旗を握る
19［太陽］

レベルアップの鍵

古代の叡智からのキーワード

生命の木では
ネッツァーイエソドのパスに対応。**本能**を意味する。

占星術では
魚座に対応。**感受性**、**曖昧**、**夢**を意味する。

1 ケテル 王冠
2 ホクマ 知恵
3 ビナー 理解
ダアート 知識
4 ヘセッド 慈愛
5 ゲブラ 判断
6 ティフェレット 美
7 ネッツァ 永遠
8 ホッド 反響
9 イエソド 基礎
10 マルクート 王国

ワンモアアドバイス

［月］のカードが「未来」や「最終結果」に出ると、「先のことは分からない」と占いは答えています。言い換えれば、受動的に生きるのではなく、悩みながらでもいいので、自分の道は自分で見つけて進むこと。［月］は、それを見守ります。

第Ⅰ章　大アルカナを読み解く鍵

XIX 太陽

自己を解き放ち、愛と喜びを表現する

　伸び伸びと手足を広げ、赤い旗を持った子供が白い馬に乗っています。太陽は、子供を祝福するようにエネルギーを放っています。塀はこの子供を保護するものであり、成長し越えていくものでもあります。このカードは、生命活動を意味します。子供は、誕生という大きな試練を乗り越えての成功の喜びを象徴します。

第Ⅰ章──大アルカナを読み解く鍵

Check①
太陽から放射される、直線的波動と曲線的波動が降り注いでいる。
▶ 地上に放たれた2つのエネルギーの質を示す。男女など。

Check②
子供の頭には、赤い羽根がついている。
▶ [死神][愚者]にも、赤い羽根がついている。神のメッセンジャー。

Check③
子供は大きな赤い旗をつかみ、手足を大きく伸ばしている。
▶ 自ら生命をつかみ、生きる喜びを全身で表現している。

Check④
白い馬は、子供を穏やかに運んでいる。
▶ 死に向かう[死神]とは反対に、生命の成長と創造に向かう馬。

+α プラスアルファ
ゴールデンドーン版（P126左下参照）の[太陽]では、手をつなぐ裸の男の子と女の子が描かれています。
子供が示すのは、本質的な自己。自己の解放と、地上に存在する2つの質の統合を意味します。

ここがポイント
命とは、恐れと不安を超えたところにある愛と喜びの顕現です。[太陽]に子供が描かれているのは、人生の喜びをつかむために成長していくことを意味します。

44

正位置×逆位置キーワード

正
- 生命力
- 成功
- 満足
- 自己表現

逆
- 自己中心的
- エネルギーのロス
- 大胆
- 子供っぽい

リーディングのコツ

恋愛なら
- 正：祝福される幸せな結婚。恋の噂が広がりそう。交際の発展。プロポーズの成功。楽しい恋愛。妊娠・出産の喜び。愛情表現。
- 逆：わがままで子供っぽい相手に振り回される。恋の噂が広がる。恋愛でお金やエネルギーを浪費する。結婚に対して楽観的。

仕事なら
- 正：自分の才能を積極的に表現すること。子供に関わる仕事。達成。仕事の成功。名誉を得る。プレゼンテーションに吉。大手企業。
- 逆：ミスやロスが多いことに無頓着。失敗を隠せない。独占的販売。エネルギーの無駄が多い。殿様商売。娯楽産業。大きな過失。

その他なら
- 正：エネルギーに満ち溢れている。有名になる。天真爛漫。健康。自己表現。純粋無垢。子供。喜び。遊び心や童心。幸福感。
- 逆：調子に乗りすぎて失敗する。わがまま。自己中心的。井の中の蛙。楽観的で現実の認識に欠ける。隠しごとがばれる。子供っぽい。

ヒント！ カードの流れから正逆を読み分ける

 18［月］
心の迷いを受け入れ解放された無垢な自己

正 ▶ 19［太陽］
子供っぽい自己顕示

逆 ▶ 20［審判］
成熟した自己の解放

第Ⅰ章 大アルカナを読み解く鍵

レベルアップの鍵
古代の叡智からのキーワード

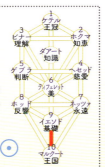

1 ケテル 王冠
2 ホクマ 知恵
3 ビナー 理解
ダアート 知識
4 ヘセッド 慈愛
5 ゲブラ 判断
6 ティフェレト 美
7 ネッツァ 永遠
8 ホッド 反響
9 イエソド 基礎
10 マルクート 王国

生命の木では
イエソド-マルクートのパスに対応。生命活動を示す。

占星術では
太陽に対応。本質、活力、自己表現を意味する。

ワンモアアドバイス

大アルカナの中でも吉札の［太陽］。このカードは喜びや成功を示しますが、ネガティブな側面もあります。それは、隠したいことも白日の下にさらすということです。望んでいなくても、善悪を明白にします。ことを大きくする傾向があるので注意しましょう。

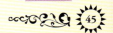

XX 審判

最終決断を下すとき

　天使がラッパを吹き鳴らすと、その呼びかけに目を覚まし、棺から男と女と子供が蘇ります。キリスト教の、「最後の審判」をモチーフとするカードです。善人も悪人もすべてが蘇り、最後の裁きを受けます。善人は天国に入り、永遠の命が与えられます。目覚めた人々の身体が青いのは、復活したのは霊的な身体であることを意味します。

第Ⅰ章　大アルカナを読み解く鍵

Check①
雲の上からラッパを吹き鳴らす大天使ガブリエル。
▶ 魂を導き、審判のときを告知する。大切なメッセージを伝える。

Check②
背景に描かれる、雪が積もる山と、青い草原もしくは湖の世界。
▶ 高い雪山や青の世界は、神聖な霊的世界を示している。

Check③
男と女と子供が、天使のラッパの音に呼応している。
▶ 男性性と女性性と本質的自己という3つの質が呼応している。

Check④
棺から青い裸の人間が立ち上がり、天使の祝福を受ける。
▶ 棺は肉体を示し、肉体を離れた意識が目覚めることの象徴。

＋α プラスアルファ

大天使ガブリエルは、マリアのもとに現れて、イエス・キリストの誕生を告げた天使と言われています。

天使が吹き鳴らすラッパの音は、ひとりの人というより、たくさんの人の耳に届く、大切な告知を意味します。

ここがポイント

［審判］は、経験を通しての判断です。その判断は他者に影響を与え、後戻りできません。そして、決断により得た結果を受け入れて前進しなければなりません。

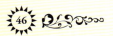

正位置×逆位置キーワード

正
- 最終判断
- 復活
- 覚醒
- 覚悟

逆
- 最終決定
- 未完で終わる
- 叶わない希望
- 表現の欠如

リーディングのコツ

恋愛なら
- 正：交際に答えを出す。結婚を決める。家族に恋人を紹介する。幸せな家庭を築く。告白するのに良い。別れた人とよりが戻る。
- 逆：相手に言った言葉に後悔する。よりは戻らない。別れの決断。あなたの思いは相手に届かない。結婚は諦めた方がよい。

仕事なら
- 正：宣伝や広告費にお金を掛けるとき。覚悟を決め、責任を持とう。医療関係の仕事。音楽関係の仕事。修理をする仕事。広告業界。
- 逆：目標を達成する前に締めが来る。仕事の目標や使命感を失う。就職が決まらない。指示が行き渡っていない。芽が出ない。

その他なら
- 正：九死に一生を得る。失くした物が出てくる。覚悟を決めるとき。目覚める。リサイクル。家族の絆。奇跡が起こる。告知。音楽。表現。
- 逆：結果は変わらない。諦めること。決まったことは覆せない。嫌でも答えを出さなければいけない。自覚がない。再生しない。

ヒント！
カードの流れから **正** **逆** を読み分ける

 自己表現
19［太陽］

意識の覚醒 **正** **逆** 裁きを受ける
20［審判］

 宇宙と自己の統合
21［世界］

レベルアップの鍵

古代の叡智からのキーワード

生命の木では
ネッツァ-マルクートのパスに対応。**喚起**を意味する。

占星術では
冥王星に対応。**破壊、再生、生殖性**を意味する。

ワンモアアドバイス

このカードは「男と女と子供」という構成で、彼らの向かい側にも同じ姿が見えます。このことから、家族の幸せを象徴するカードとして出てきます。また、ラッパを吹いていることから、音楽や音に関するテーマも持っています。

第Ⅰ章　大アルカナを読み解く鍵

XXI 世界

物事が完全に調和し、完了する

　宇宙のエネルギーを示す牛・ライオン・鷲・人間（天使）が、四隅に描かれています。2つの無限大の形のリボンが飾られた月桂樹の輪の中に、女性が2本のバトンを持って踊っています。彼女は陰と陽を統合し、宇宙の法則と完全に調和しているのです。肌色がオークルなのは、四世界（P7参照）で活き活きと活動することを示します。

第Ⅰ章　大アルカナを読み解く鍵

Check①
四隅には、［運命の輪］にも出てきた、預言者エゼキエルの幻視の動物たち。
▶ 宇宙のエネルギーを表し、高い意識世界を示している。

Check②
体に布をまとう女性は、両性具有者と言われ、活き活きとしている。
▶ 本質的自己と男性性と女性性の統合で、カルマから解放される。

Check③
月桂樹の輪の上下にある無限大も、［魔術師］と同じバトンも2つ。
▶ 対極の2つのものを統合し、葛藤から自由になることを示す。

Check④
月桂樹の輪は、女性を囲むように描かれて、大きく「0」を形取っている。
▶ 自己の解放で、宇宙に還元され「無」に戻ることを象徴する。

＋α プラスアルファ

六十四卦で構成する易では、63「水火既済」は完成を示し、最後の64「火水未済」は未完成で終わります。

タロットでは、21［世界］で意識は宇宙とひとつになり、完成します。次は0番の［愚者］で、無に還元します。

ここがポイント

［世界］には、自己対立する2つの質が統合されて調和し、迷いや葛藤から自由になった姿が描かれています。幸せなハッピーエンドを示すカードです。

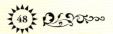

正位置×逆位置キーワード

正		逆	
完成	ハッピーエンド	未完成	努力の余地
統合	円満	不完全	不満

リーディングのコツ

恋愛なら
- 正：ハッピーエンドの恋愛。結婚。関係が円満なので進展しにくい。愛されて守られている。満たされているので恋をしない。家庭円満。
- 逆：結婚の話は進みにくい。相手との調和のある関係が崩れる。出会いのない環境から出ていくこと。すべてに完璧な相手はいない。

仕事なら
- 正：仕事のノルマを達成する。天職だと納得し仕事をする。定年退職。大きな仕事の完了。円満なムードの職場。世界を相手に仕事する。
- 逆：完成予定が遅れる。未完成な技術。成功のための努力が必要。問題はないが才能を活かしきれない。自分の責任を取りきれない。

その他なら
- 正：今が一番良い状態。守られた安全な場所。満足。ダンス。自由。葛藤などを統合し、自己を解放する。完成による終わり。完了。
- 逆：努力しないと進展しない。未完成で終わる。他の世界を知ること。満たされていないが不幸ではない。限界を知る。調和が崩れる。

ヒント！ カードの流れから 正 逆 を読み分ける

 天命に委ねる
20［審判］

▶ 統合による完成 正

21［世界］

逆 未完成を知る ▶

 新しい旅に出る
0［愚者］

第Ⅰ章 大アルカナを読み解く鍵

レベルアップの鍵
古代の叡智からのキーワード

生命の木では
ホッド－マルクートのパスに対応。**観照**を意味する。

占星術では
土星に対応。**努力**、**制限**、**責任**を意味する。

1 ケテル 王冠
2 ホクマ 知恵
3 ビナー 理解
ダアト 知識
4 ヘセッド 慈愛
5 ゲブラ 判断
6 ティフェレト 美
7 ネッツァ 永遠
8 ホッド 反響
9 イエソド 基盤
10 マルクート 王国

ワンモアアドバイス

このカードは円満なる完結を象徴しますので、これ以上の発展や成長が望めません。むしろ、逆位置の方が未完成のため、発展の余地があることを示します。このカード以外でも、リーディングでは逆位置を肯定的に読むことも大切です。

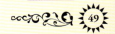

愚者 0

可能性を信じ、新しいことにチャレンジする

　少しの荷物しか持たない旅人は、背負うものがなく、経験を楽しむ自由な心を表しています。彼は、左手に若い純白な魂を示すバラを持っています。彼は空を見上げ、足元の崖には気づかないようです。若者は、空に未だ見ぬ自分の未来を思い描いているのです。掲げたカバンの中には、魂の持つ性質である愛と叡智が込められています。

第Ⅰ章　大アルカナを読み解く鍵

Check①
若者を太陽が照らし、背景色が黄色で描かれている。
▶ 黄色は光を示し、神の意識や神の祝福を意味する。

Check②
彼の服は植物の柄で、花が描かれ、実がなっている。
▶ 才能を開花させて、結果を出す能力を身につけている。

Check③
彼の広大な旅を連想させる連なる雪山と、彼の歩く断崖の荒野。
▶ 彼の才能は、外側の世界にはまだ発揮されていない。

Check④
前進をけしかけるように、または警告するように、白い犬が描かれている。
▶ 白い犬は、純粋な忠誠心の象徴。彼の神への思いを意味する。

＋α プラスアルファ

魂は、完全な世界から、自分を知るためにこの世へ降りてきます。愛と喜びを体験する、人生という旅に出ます。

無からのスタートを示す0番の［愚者］。過去を持ち越さないで自分を空にし、体験を通して可否を知ります。

ここがポイント

過去の実績にも未来の結果にも囚われず、若者（愚者）は今の自分を生きます。未来に夢を抱き可能性を信じて、経験を通して何が必要なのかを知るのです。

正位置×逆位置キーワード

正		逆	
自由	未経験	無知	愚かさを知る
「0」	非凡	無計画	平凡

リーディングのコツ

恋愛なら
- 正：つき合っているのかいないのか、はっきりしない。変わった恋人。束縛しない自由なつき合い。フィーリングが合うのでつき合う。
- 逆：楽しい人だけれど、結婚には向かない相手。無責任な恋愛。浮気。将来が見えない交際。相手の感性についていけない。

仕事なら
- 正：個性や感性を活かす仕事。ベンチャービジネス。芸術・芸能関係。未経験の仕事へのチャレンジ。旅をしてあちこちを巡る仕事。
- 逆：定職に就けない。失業して求職状態。お勤めに向かない性格。アルバイトやフリーター。派閥に入らない人。仕事の無計画さ。

その他なら
- 正：斬新なアイデア。超現実主義。精神不安定。非凡な才能。既成概念に囚われない。今を生きる。道なき道を行く。旅行。
- 逆：自分の本当にしたいことが分からない。無難に生きる。平凡。無謀なチャレンジに気づく。地に足を着ける。己の無知を知る。

ヒント！ カードの流れから正逆を読み分ける

 完成し、無に還元する
21 ［世界］

→ 正 「0」からのスタート 逆 →

 自分の愚かさに気づく
0 ［愚者］

→

 知識・技術を身につける
1 ［魔術師］

第I章 ― 大アルカナを読み解く鍵

レベルアップの鍵

古代の叡智からのキーワード

生命の木では
ホッド‐イエソドのパスに対応。**学習**を意味する。

占星術では
天王星に対応。**非凡**、**独立**、**個性**を意味する。

ワンモアアドバイス

馬鹿と呼ばれる［愚者］は、叡智に気づくカードです。正位置だと、自分の可能性に気づき、神の導きを信じて前進します。逆位置の場合は、目の前の崖に気づき、無謀な計画や自分の愚かさに気づきます。知的体験のカードです。

第Ⅱ章
小アルカナを読み解く鍵

　タロットカードの中の小アルカナ56枚は、杖（ワンド）・聖杯（カップ）・剣（ソード）・金貨（ペンタクルス）という4つのスートで構成され、各スートは1（Ace）〜10の数札（ヌメラルカード）と、ペイジ、ナイト、クイーン、キングという4枚の宮廷札（コートカード）で構成されています。

　小アルカナの中で数札は、事象や行動の詳細を表し、数札の数が占いの答えになることもあります。宮廷札は、人物の個性や対人関係などを示します。大アルカナの持つ運命的な出来事に具体性と説得力をもたらし、占いを万能にする小アルカナをマスターしましょう！

スート	エレメント	キーワード	生命の木との対応	星座との対応	トランプとの対応	数札（ヌメラルカード）40枚 （出来事や行動の詳細を表わす） それぞれの数の持つテーマ											宮廷札（コートカード）16枚 （人物の個性や対人関係） 4種類の個性			
						1	2	3	4	5	6	7	8	9	10	ペイジ	ナイト	クイーン	キング
杖	火	活力 情熱 直感	流出界	♈♌♐	♣	スタート	2つあるものとの関わり	表現・創造・結束	安定・物質的側面	五感・美・道	調和・美・道	努力・継続・パワー	思考・神秘・混乱	精神的充実	終わり・次世代	純粋・学生	行動力・従順	受容的・状況判断	責任・自信・誇り
聖杯	水	感情 受容性	形成界	♋♏♓	♥													女性性	
剣	風	理性 社会性	創造界	♊♎♒	♠														
金貨	地	物質 継続	物質界	♉♍♑	♦														

　それぞれのスートは、物質の四大要素（エレメント）から性質が生じています。スートのキーワードと、カードナンバーのテーマが交わったところに、56通りのカードの個性が明確に現れます。

生命の木の「セフィラ」に対応する数札と「四世界」に対応する宮廷札

　小アルカナ56枚のカードは、4本の生命の木に当てはまります。ひとつの生命の木にひとつのスートが対応し、数札は生命の木の10個の「セフィラ（器）」に、宮廷札は生命の木の中にある「四世界」＝流出界、創造界、形成界、物質界の4つの領域に当てはまります。

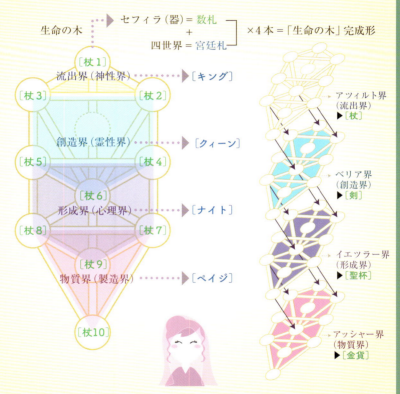

　さらに「四世界」＝流出界、創造界、形成界、物質界にもそれぞれ生命の木があり（右図）、4つのスートに対応します。そしてひとつの生命の木の中にも四世界が存在しています（左図）。カードに込められた奥義を知ることで、占うときに神聖なエネルギーとつながりやすくなり、大いなるガイダンスを得ることができるでしょう。

杖（ワンド）の 1（Ace）
新しい活動を始める

杖（火）＝活力・情熱・直感	1＝スタート

正位置×逆位置 キーワード

正: スタート／新しい発想／権力／活力
逆: 方向性なし／力不足／力の乱用／世代交代

不可知の雲の中から、神の手が現れています。葉のついた杖は、神から与えられた命のエネルギーを表します。このカードには人物が描かれていないので、具体的な行動はまだ分かりませんが、生命の持つ本質的な活動エネルギーを意味します。

Check①
神の手は雲から出現し、杖を差し出している。
→ 高次の次元から与えられた、生命エネルギーを象徴。

Check②
手のひら側が描かれ、しっかりと杖を握っている。
→ 与えられたものやエネルギーを自力でつかむこと、獲得することを示す。

ここがポイント
新しいことを始める強い意欲や、純粋な情熱を持っている状態です。そのエネルギーは、これから創造的な活動に向けられます。

リーディングのコツ

恋愛なら
- 正：穏やかに進展する新しい恋のスタート。ハートに火が点く。
- 逆：新しい出来事が平和を壊す。相手を支配しようとする。

仕事なら
- 正：リーダーシップを発揮。新規ビジネスのチャンス。指揮を執る。
- 逆：勢い任せでは失敗しそう。権力闘争。空威張り。暴君。

その他なら
- 正：新しい挑戦。やる気が出る。熱意。直感。積極性。パワー。
- 逆：情熱を上手く表現できない。スタートを間違える。暴走。

ワンモアアドバイス
［杖1］は、他のAceより「スタート」という意味が強いカードです。バトンが回ってくることを意味し、相続問題などを占うと出てきます。

第Ⅱ章　小アルカナを読み解く鍵

杖（ワンド）の 2
野心を持って展望する

杖（火）＝活力・情熱・直感	2 ＝ 2つあるものとの関わり

正位置×逆位置キーワード

正: 野心 / グローバル / 二者択一 / 社会的名誉
逆: 顧みない / 孤独 / 分離 / 仕事の犠牲

男性が城の上から自分の築き上げた世界を眺め、もっと大きな世界を支配しようと野心を燃やしています。それは、彼の右手に持たれた地球儀に表れています。ひとつの杖は自由に動かせますが、もうひとつは城壁に固定させています。

Check①
男性は右手に地球儀を持っていて、城の上から海を眺めている。
▶ 築き上げた立場から、さらにグローバルに社会や状況を見ている。

Check②
2本の杖のうち、左手で1本の杖をつかんでいる。
▶ 二者択一の選択を意味する。

ここがポイント
実行するというより、しっかりした展望を持つことを意味します。野心を持って才能を活かすことを考えるとよいでしょう。

リーディングのコツ

恋愛なら
- 正: 気持ちが離れているとき。遠距離恋愛。恋愛よりも仕事優先。
- 逆: 恋の情熱が高まらない。気持ちに背く。恋する余裕がない。

仕事なら
- 正: 仕事の成功。貿易関係の仕事。名誉。未来への展望。
- 逆: 目的のために生活を犠牲にする。負担とプレッシャー。

その他なら
- 正: 野心を抱く。未来を設計する。外国に関係。孤高。選択。
- 逆: 焦りから無理をする。過労で健康を損ねる。危惧。発展しない。

ワンモアアドバイス
選択について占うとき、このカードが出たら、白黒はっきり決着する方がよいでしょう。決断できないなら、止めた方がよいでしょう。

第Ⅱ章　小アルカナを読み解く鍵

杖(ワンド)の3
明るい未来が展開される

杖(火)＝活力・情熱・直感		3＝表現・創造・結束
正 発展する／大志を抱く／未来志向／開ける展望	正位置×逆位置 キーワード	逆 後援／支持を得る／遠方に憧れ／留まる

丘の上に、男性が背中を向けて立っています。彼の顔が見えないことから、無名の人物を表していますが、黄色の背景は明るく視界が開けており、彼の明るい未来を示しています。朝焼けに染まる入り江には、船が行き交っています。

Check①
男は丘に立ち、背中を見せて立っている。 ▶ 現状は何もないところから、未来を見ている。

Check②
入り江には、何艘もの船が行き交っている。 ▶ 活発な貿易や情報の流通を象徴している。

ここがポイント
彼の大きな背中が、寛大な心を示しています。発展に必要なことは、大志を抱き、物事に対して前向きに考えることです。

第Ⅱ章 ─ 小アルカナを読み解く鍵

リーディングのコツ

恋愛なら
- 正：活発なコミュニケーション。遠距離恋愛。友情から愛情へ。
- 逆：ゆっくり進展する恋。憧れの人。恋の応援に励まされる。

仕事なら
- 正：仕事への意欲。仕事が発展する予感。貿易。状況を見守る。
- 逆：自分の意見に支持を得る。応援を待つ。発展する。無名。

その他なら
- 正：自信が人を惹きつける。希望。友情。留学。海外。野心。
- 逆：援助を理解しよう。バックアップ。後見人。友を待つ。開拓。

ワンモアアドバイス
このカードは、出たポジションから未来を考えています。もし「未来」に出た場合は「未来の時点からさらに先のことを考える」と読みます。

杖(ワンド)の4
安定した生活の幸せ

| 杖(火)＝活力・情熱・直感 | 4＝安定・物質的側面 |

正位置×逆位置キーワード

正：招待／祝福／門出／装飾する
逆：歓迎されない／生活の悩み／装飾過剰／入りにくい

　4本の杖は門のように描かれ、上には果物の装飾がつけられています。杖の門をくぐると、男女がブーケを持って歓迎するように手を上げています。大きな城の前の庭ではパーティーが行われ、人々が歓談して和やかな雰囲気です。

Check①
杖は門のように飾られ、ガーデンパーティーが開かれている。
▶ パーティーなどのお祝いに象徴される喜び、華やかさを表す。

Check②
杖の門の内側では、男女がブーケを持って祝福している。
▶ 良好な男女関係、夫婦関係、家庭円満を意味する。

ここがポイント
描かれている男女が円満だからこそ、誰かを招き入れたり、送り出したりすることができます。祝福を意味するカード。

リーディングのコツ

恋愛なら
正　祝福される結婚。家族の賛成を得る。パーティーでの出会い。
逆　交際の停滞期。両親の理解を得にくい交際。家柄の違い。

仕事なら
正　建築・外構・住宅に関係する仕事。楽しい雰囲気の職場。
逆　結婚関係の仕事。広告・告知の工夫が必要。仕事の成果。

その他なら
正　結果としての安定。家庭の幸せ。一戸建て。庭。平和。
逆　問題はないが喜べない。出発の遅延。贅沢。暇。慇懃無礼。

ワンモアアドバイス
このカードは、ゴール地点でもあり、スタート地点でもあります。占目や時間軸のポジションによって、読み方が変わります。

第Ⅱ章　小アルカナを読み解く鍵

杖（ワンド）の5
意見の違いからの戦い

杖（火）＝活力・情熱・直感	5＝五感・活動

正位置×逆位置キーワード

正：競争／生存競争／力の融合／十人十色
逆：一時休戦／意見の相違／敵が友に／烏合の衆

　子供たちが、協力して何かを作ろうとしているようにも見えますし、杖を持って競い合っているようにも見えます。背景色は穏やかなブルーです。子供が群れることで学び、競い合いながら成長する様子を示しています。

Check①
少年たちの服の色や柄は、5人全員違うもの。
▶ それぞれの個性や感性の違いがあって、ぶつかり合う。

Check②
青い空の下の草原で、杖を振り回す子供たち。
▶ 争いというよりも、スポーツなどの競争を示している。

ここがポイント
このカードは、他者とのせめぎ合いを示す場合もありますが、自分の心の中で起こる内的葛藤を意味することもあります。

第Ⅱ章　小アルカナを読み解く鍵

リーディングのコツ

恋愛なら
- 正：ライバルの多い恋。痴話げんか。恋の駆け引きを楽しむ。
- 逆：盛り上がっても恋愛ムードにならない。ライバルに負ける。

仕事なら
- 正：競争の激しい仕事。コンペティション。ディスカッション。繁忙期。
- 逆：競合相手が多い。目的の喪失。談合。まとまらない交渉。

その他なら
- 正：切磋琢磨。物事の渦中。多忙。訴訟。揉めごと。スポーツ。
- 逆：敗訴。雨降って地固まる。葛藤に疲れる。消耗。雑然。力不足。

ワンモアアドバイス
揉めごとの解決が難しいカードです。逆位置だと「訴訟に負ける」という意味があるので、訴訟は避けるほうがよいでしょう。

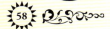

杖（ワンド）の6
勝利し、前進する

杖（火）＝活力・情熱・直感		6＝調和・美・道
正：前進する／勝利／凱旋／栄光	正位置×逆位置キーワード	逆：敗北／前進を阻む／負けを恐れる／賛同なし

祝勝を示す月桂樹の冠をつけた若者が、馬に乗っています。彼の勝利を称えるように周りの仲間は歩き、勝利の凱旋をしています。彼の持つ杖にも月桂樹のリースが飾られ、勝利の知らせを運んでいます。

Check①
ひとり、馬に乗る若者は、月桂樹の冠を被り行進する。
▶ ひとりだけ馬に乗っているところから、トーナメントで勝ち上がった勝者。

Check②
馬に乗る若者は、他の若者たちと一緒に行進している。
▶ チームワークでの勝利。または、共に戦ったことをお互いに称えている。

ここがポイント
「6」のカードですから、勝利しても孤立することなく、他者や周りの人との調和を保てます。そして、「6」の示す「道」を進むのです。

リーディングのコツ

恋愛なら
- 正：恋愛成就。順調な進展。恋の勝者。応援してもらえる恋。
- 逆：自信がなくて進められない。進展しない恋愛。振られる。

仕事なら
- 正：ビジネスの良い知らせ。成功の報告。チームワークの勝利。
- 逆：競争に勝てない。気持ちの乗らない仕事。応援がない。

その他なら
- 正：良いニュース。これからの進展に期待。成功。友情。連続性。
- 逆：遅い知らせ。足踏み状態。思ったほど良くない。負け。失敗。力の減退。

ワンモアアドバイス
［杖6］は、物事が順調に進み勝利することを示します。そして、そこからさらに未来に向かって進むカードです。輝かしい未来を考えましょう。

第Ⅱ章　小アルカナを読み解く鍵

杖(ワンド)の7
勝者の孤独な戦い

| 杖(火)＝活力・情熱・直感 | 7＝思考・神秘・混乱 |

正		逆	
勝ち続ける	優位な立場	孤独な戦い	差別化
一人勝ち	応戦する	圧倒される	競争激化

正位置×逆位置キーワード

　男性は、下から次々と突き上げてくる6本の杖に気の抜けない状態で応戦しています。下からの攻撃は彼には届きませんので、優位な立場で展開していますが、解けた右足の靴ひもを結び直す余裕はないようで、気は抜けません。

Check①
下から6本の杖が、男に向かって突き上げてくる。
▶ 勝者に対して、次から次へと挑戦する者が現れてくる。

Check②
男の履いている靴が、左右で違う。
▶ 余裕のなさや、慌てている様子を示している。

ここがポイント
攻撃は届きませんが、敵の姿は見えません。彼は応戦するも、何と戦っているのか、なぜ戦うのか、敵が分からず余裕がありません。

リーディングのコツ

恋愛なら
- 正 好きな人へのアピール。愛を守るための行動。情熱的な恋。
- 逆 一人相撲の恋。忙しくて恋する余裕がない。ライバル多し。

仕事なら
- 正 営業成績トップを維持する。次から次に仕事をこなす。多忙。
- 逆 なりふり構わない。対応に追われる。下からの突き上げ。

その他なら
- 正 優位な立場。勇気。勝利。現状の継続は難しい。ワンオペ。
- 逆 ライバルとの差がなくなる。余裕のなさ。負ける。一時の成功。

ワンモアアドバイス
このカードは、動きある男性の姿で描かれています。このことは、活発な活動を示し、現在進行形で拡大する可能性を意味しています。

第Ⅱ章　小アルカナを読み解く鍵

杖(ワンド)の8
物事が穏やかに進展する

- 杖(火)＝活力・情熱・直感
- 8＝努力・継続・パワー

正位置×逆位置キーワード

正：時間の流れ／スピード／次々繰り出す／手から離れる

逆：渋滞／遅延／ゆっくり動く／過ぎたこと

連続する杖8本が、どこかに飛んでいくかのように描かれています。その後ろに描かれているのは青空の下の穏やかに流れる川で、人物が描かれていないことから自然な流れや時間の流れを意味し、人間が介入しにくい事柄を示します。

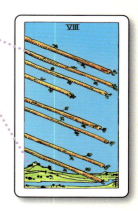

Check①
宙を飛ぶ8本の連なる杖。 ▶ エネルギーが、次々と素早く動いていることを示す。

Check②
青い空の下で川が流れる丘陵地帯が、背景に描かれている。 ▶ 大きな問題もなく、穏やかな状態が続くことの暗示。

ここがポイント
手から離れた物事は、その人の意思を超え、結果が出るまで待つしかありません。その間の期間を示すカードです。

第Ⅱ章　小アルカナを読み解く鍵

リーディングのコツ

恋愛なら
- 正：相手の心のドアを何度も叩く。積極的な告白。勢いのある恋。
- 逆：おざなりな関係。相手や物事を適当にあしらう。しつこい誘い。

仕事なら
- 正：迅速な情報処理。情報伝達や物流関係の仕事。異動。
- 逆：同じ失敗を繰り返す。手応えなし。仕事が遅い。結果待ち。

その他なら
- 正：光陰矢のごとし。メッセージが伝わる。勢いに乗る。
- 逆：一日千秋。一方向しか進まない。惰性。届かない。

ワンモアアドバイス
占ってこのカードが出たら、人間の力が及ばぬことを意味するので、「時間の経過により結果を得ることができる」という意味になります。

杖（ワンド）の9
準備を整えて待つ

杖（火）＝活力・情熱・直感　　9＝精神的充実

正位置×逆位置キーワード

正：臨戦態勢／準備万端／用意周到／様子を窺う

逆：不意の失地／準備不足／出遅れる／被害者意識

　杖を8本後ろに並べて、1本をしっかり握りしめる男性は、何かを警戒しているようです。頭には包帯を巻いているように見え、不意を突かれたのかもしれません。相手の出方を窺いつつ、彼は戦いの準備を整えています。

Check①
1本の杖を握り、向こうを睨みつけて警戒する表情の男。
▶ 防御の姿勢を取りながらも、攻撃のタイミングを窺っている。

Check②
後ろに8本の杖を並べている。
▶ 用意が整っている状態を示している。

ここがポイント
仮に出遅れていても、何かこと を起こすなら、すぐに始めるより、状況把握や用意を整えることが重要であると示しています。

第Ⅱ章　小アルカナを読み解く鍵

リーディングのコツ

恋愛なら
- 正：相手の立場や気持ちを理解すること。相手を信じて待つ。
- 逆：気乗りしないが縁談話がある。待ちぼうけ。結婚に焦る。

仕事なら
- 正：段取りを整える。先方の出方を窺う。奮闘中の一休み。
- 逆：最後まで気を抜かない。ライバルに出し抜かれる。気後れ。

その他なら
- 正：緊張状態。守りを固める。用意周到。困難を凌ぐ。膠着状態。
- 逆：警戒しすぎ。油断大敵。ケガ。詰めの甘さで失敗。撤退準備。

ワンモアアドバイス
［杖］は活動や発展的な要素を示すスートですが、［杖9］は防御や守りを固めることを示します。守るものがあるから戦うのです。

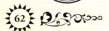

杖の10
負担を抱えた状態

| 杖（火）＝活力・情熱・直感 | 10＝終わり・次世代 |

正位置×逆位置キーワード

正: 負担 / 目的遂行 / 余裕のなさ / 限度
逆: 手放し / 諦める / 断念 / 疲労

　男性は、両手一杯に10本の杖をひとりで抱えて余裕がありません。杖が目隠しになり、前が見えない状態です。彼の進行方向の先には、目的地であろう家が描かれています。大きな負担を抱えながらも、彼はこの労働をやり遂げようとしています。

Check①
たくさんの杖を抱え込んで男の両手が塞がっている。
▶ 手段を尽くして手詰まりの状態と、何も受け取れない状態を示す。

Check②
抱えた杖で、男の視界が塞がれている。
▶ 現状に手を取られ、見ない、聞けない状態を意味する。

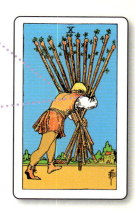

ここがポイント
ゴールが見えているので、苦しい状態であっても自力で成し遂げようとしています。忍耐力や諦めない心を示しますが、執着心とも読めます。

リーディングのコツ

恋愛なら
正: 未練を捨てられない。気持ちを抱え込む。恋の悩み。呪縛。
逆: 苦しい恋を諦める。未練を捨てる。失恋による自暴自棄。

仕事なら
正: 最後まで成し遂げる。仕事のプレッシャー。負担を抱える。
逆: 肉体労働。過労でダウンする。全部背負いきれない。

その他なら
正: 抱えすぎ。つらい状況はまもなく終わる。圧迫。困難。
逆: こだわりを捨てる。考え方を変える。挫折。疲労困憊。失敗。

ワンモアアドバイス
［杖10］は、最後まで成し遂げる情熱を表しています。今、つらい状況でも、その状況がまもなく終わることが示されています。

第Ⅱ章　小アルカナを読み解く鍵

杖のペイジ（ワンド）
情報を運ぶメッセンジャー

杖（火）＝活力・情熱・直感	ペイジ＝純粋・従順・学生

正位置×逆位置キーワード

正：メッセンジャー／活発な子供／素直さ／人気者
逆：衝動的発想／目立ちたがり／乱暴な子供／未熟者

ピラミッドを背後に、元気で活発な少年が彼の身長より少し長い杖の先端や向こうに広がる青い空を見上げています。彼の服の柄のトカゲの模様は、火のエネルギーを象徴し、少年の大志や情熱を表しています。

Check①
青い空が背景に描かれている。
▶ 青は、高い霊的世界を象徴する色。ここでは、平和な状況を示している。

Check②
帽子の赤い羽根やブーツのフリンジは、炎の形をしている。
▶ 少年が、活発で情熱に満ちていることを示す。

ここがポイント
［杖ペイジ］は、無邪気で元気な少年少女。愛されたい、注目されたい、成長したいという思いに素直に生きる人柄を示します。

第Ⅱ章　小アルカナを読み解く鍵

リーディングのコツ

恋愛なら
正：かわいい恋人。愛しい人。恋を楽しむこと。純粋な恋心。
逆：好きな人に意地悪する。わがままな恋人。連絡がつかない。

仕事なら
正：指示に従う従順さ。仕事に夢を持つ。配達員。修行中。
逆：アルバイト。忠告を聞かない。使い走り。未熟で頼りない。

その他なら
正：好奇心旺盛。アクティブ。未熟だけど一生懸命。アイドル。
逆：注目されたくて嘘をつく。コミュニケーション不足。子供っぽい。

ワンモアアドバイス
占ったとき、［杖ペイジ］と［聖杯ペイジ］が出てくると、お互いに刺激しあう関係で、ライバルという意味があります。

杖(ワンド)のナイト
情熱を持って挑戦する

杖(火)＝活力・情熱・直感	ナイト＝行動力・状況判断
正: 飛躍する／交渉／移動／伊達	逆: 短気／威嚇する／ひるむ／衝動的

正位置×逆位置キーワード

騎士は甲冑を着けていますが、戦争をしているというより、交渉に赴く姿です。彼は炎の形の飾りをつけ、きれいに着飾って馬を走らせています。若い男性の男性的魅力の強さ、かっこよさを表現しています。

Check①
炎の形の羽飾りをつけて、着飾っている騎士。
→ 炎は情熱を象徴し、着飾った姿はダンディズム、男気を表している。

Check②
赤い馬は、前足を勢いよく上げている。
→ 赤い跳ね馬は、若者のエネルギーの象徴。障害を飛び越えるパワー。

KNIGHT of WANDS.

ここがポイント
跳ね馬は、気性の荒い馬の象徴。それを乗りこなしている騎士は、馬の性質を凌ぐ、若者の情熱や愛のエネルギーを表します。

第Ⅱ章　小アルカナを読み解く鍵

リーディングのコツ

恋愛なら
- 正: 男性の情熱的なアプローチ。まっすぐな愛情。燃えるような恋。
- 逆: 自分本位な愛情表現。強引な男性。見かけ倒しの男性。

仕事なら
- 正: 仕事の良い知らせ。異動。営業マン。出世。有利な交渉。
- 逆: 強引なやり方は裏目に出る。交渉はなかなかまとまらない。

その他なら
- 正: 積極的な行動。スポーツマン。活動開始。好青年。威勢。
- 逆: 衝動的行動。強い自己主張。嫉妬から攻撃へ。勢い任せ。

ワンモアアドバイス
［ナイト］のカードは、馬の姿が各スートのナイトの性格を示しています。［杖ナイト］は、情熱的で反骨精神の旺盛な若者を示しています。

杖(ワンド)のクィーン
明るく受容的な母性の魅力

| 杖(火)＝活力・情熱・直感 | クィーン＝受容的・女性性 |

正位置×逆位置キーワード

正: 母親／魅力的な女性／生活の充実／親切
逆: 女王気取り／過干渉／責任転嫁／魅力がない

　女王は右手に杖を持ち、左手にひまわりを持っていて、彼女の明るい人柄と魅力を表しています。足元にいる猫は、多産を象徴しています。王座にあしらわれた百獣の王ライオンは、火のエネルギーの威厳を示しています。

QUEEN of WANDS.

Check①
女王は、左手にひまわり（向日葵）の花を持っている。
▶ 太陽に向かって咲くことで、より多くの栄養分を作る。日の光を受け取る花。

Check②
足元にいる黒猫。
▶ 黒猫は、人懐っこさや従順さ、しなやかな女性の性質を示す。

ここがポイント
明るくて世話好きで、チャーミングな女性を示すカードです。物事を受容し、受け取ったものを育てる能力を持っています。

第Ⅱ章　小アルカナを読み解く鍵

リーディングのコツ

恋愛なら
正: 男性の才能を育てる。年上女房。魅力で異性を惹きつける。
逆: 母親が干渉する。マザコン男性。女性がリードする恋愛。

仕事なら
正: 女性向けの商品を扱う。女性の多い職場。女性実業家。
逆: 方針がころころ変わる女性上司。働かない女性。公私混同。

その他なら
正: 女性的な魅力。母性。優しさ。家庭を守る強さ。世話好き。
逆: かわいげや魅力のなさ。嫉妬心。横着。お節介。わがまま。

ワンモアアドバイス
〔クィーン〕のカードは、女性のさまざまな性質を示しています。〔杖クィーン〕は母性や母親、子供を育てた経験のある女性を示します。

杖（ワンド）のキング
カリスマ的な権力

杖（火）＝活力・情熱・直感　　キング＝責任・自信・誇り

正：父親／カリスマ的／実業家／誇りを持つ

正位置×逆位置キーワード

逆：ワンマン社長／自己顕示欲／封建的／高慢な誇り

　王は炎の形の王冠を被り、まとう衣装も炎の型を象っていて、彼の熱い情熱を示しています。トカゲと獅子の描かれた背の高い王座は、彼の気高さと権威を象徴しています。彼の存在そのものが、人々にエネルギーを与えています。

Check①
赤い服を着た王は、黄色のトカゲ柄のマントを身にまとう。
▶ 赤は熱い心を示し、黄色のトカゲ柄のマントは知性を象徴している。

Check②
足元に描かれた黒いトカゲが、日に当たっている。
▶ トカゲは光を求める性質から、魂の光を求める性質に引用される。

ここがポイント
［杖キング］は、誇りと情熱を持っています。自分の知識や経験、エネルギーを社会活動に使い、人に勇気を与えるカリスマ的なリーダーです。

第Ⅱ章　小アルカナを読み解く鍵

リーディングのコツ

恋愛なら
正：年上の頼もしい男性。父親の影響を受けて相手を選ぶ。
逆：支配的な男性。ファザコン女子。既婚者やおじさんにモテる。

仕事なら
正：カリスマ的で情熱的な上司。仕事への誇り。監督。創業者。
逆：独裁体制での仕事。激しすぎて人がついてこない。暴君。

その他なら
正：自分に誇りを持つ。人を触発するエネルギー。威風堂々。
逆：権力で何でも思い通りにしようとする。頑固親父。

ワンモアアドバイス
［杖］の宮廷札の気質は、情熱的で自己顕示欲が強いです。特に［杖キング］は、その組織や業界を代表する人物を示します。

聖杯の1（Ace）
愛と喜びの始まり

聖杯（水）＝感情・受容性　　　　　1＝スタート

- 愛の始まり
- 豊かな感情
- 受容する
- 満たされる

正位置×逆位置 キーワード

- 愛への不安
- 情緒不安定
- 流される
- 溺愛

聖杯は女性性の象徴、飛び込む鳩は男性性を象徴しています。このカードは陰陽和合を象徴し、純粋な愛による喜びの感情が溢れています。聖杯からは、5つの筋になって水が溢れていて、人間界に愛が溢れていることを示します。

Check①
聖杯には、「M」を逆さにした文字が描かれている。
ヘブライ文字の「メム」に由来し、「メム」は三母字のひとつで水を表す。

Check②
沼には、蓮が花を咲かせている。
感情のネガティブな質を昇華し、純化された愛のエネルギーを示す。

ここがポイント
感情の根源にある愛に満ちた純粋な質を示す［聖杯1］で示されるスタートは、これから喜びの体験が始まることを意味します。

第Ⅱ章　小アルカナを読み解く鍵

リーディングのコツ

恋愛なら
- 正　愛し愛される喜び。結婚。新しい恋の始まり。妊娠。出産。
- 逆　偽りの愛。新しい恋に不安。ムードに流される。盲目的な恋。

仕事なら
- 正　女性向けの仕事。サービス業。感性を活かす。仕事の受注。
- 逆　情に流され仕事を受ける。無駄が多い。過剰サービス。

その他なら
- 正　物事を受け取ってスタート。満足感。喜び。幸福。愛情。
- 逆　感情のコントロールができない。与えすぎ。虚しさ。耽溺。

ワンモアアドバイス
大きな聖杯から、泉のように愛が溢れ出しています。受け取る愛と与える愛、恋愛や男女関係の愛し愛される喜びを示しています。

聖杯(カップ)の2
お互いに与え合う関係

聖杯（水）＝感情・受容性	2 ＝ 2つあるものとの関わり

正位置×逆位置キーワード

正：通じ合う／友好関係／統合する／誓いの契約
逆：不仲／契約不成立／受容し難い／感情の相違

男性が女性に向かって働きかけ、2人は向き合って聖杯で示される愛を交わしています。2人の間にある2匹の蛇が交わる杖は、2人の交流を示しています。獅子の顔を持つケルビム（天使）が、2人を見守るように描かれています。

Check①
男性が、女性に対して呼びかけている。
▶ 男性性は能動的で、女性性は受動的であることを示している。

Check②
錬金術の神ヘルメスが持つ、2匹の蛇が絡まるカドゥーケスの杖。
▶ 陰陽のエネルギーの交流により、さらに高いエネルギーとつながる。

ここがポイント
恋愛を示すカードです。呼びかける男性、受け入れる女性、それぞれの気持ちが一致して、2人がひとつになることを意味します。

リーディングのコツ

恋愛なら
- 正：ロマンチックな恋。相思相愛。強い絆。結婚式。デート。
- 逆：相手の気持ちを受け入れられない。女性が積極的な恋。

仕事なら
- 正：業務提携。契約成立。仕事の相棒。一対一で向き合う仕事。
- 逆：協力を得るための話し合い。契約不履行。職場の不和。

その他なら
- 正：2人ですること。気持ちが通じ合う。友情。約束。友好的。
- 逆：関わりが疎遠になる。意見の不一致。約束と違う。疎遠。

ワンモアアドバイス
各スートの「2」のカードは、2つあるものとの関わりを示しますが、［杖］が分離、［聖杯］が統合、［剣］が調和、［金貨］は交流を示しています。

第Ⅱ章　小アルカナを読み解く鍵

聖杯（カップ）の 3
良い結果を祝う

聖杯（水）＝感情・受容性　　　3＝表現・創造・結束

正位置×逆位置キーワード

正：結果を祝う／円満な関係／繁栄／芸能
逆：節度がない／快楽的／悪い仲間／ミーハー

3人の若く美しい女性たちが、聖杯を掲げて踊っています。彼女たちの足元には、豊かな実りを象徴するカボチャやブドウなどの作物が飾られ、収穫を祝っています。収穫祭の宴が描かれ、喜びの表現や芸術的表現を意味します。

Check①
まるで三美神のような3人の若い女性。
▶ 三美神は、愛欲・純潔・美を表すとも考えられた、美と豊穣の女神。

Check②
若く美しい女性たちが、収穫を祝って踊っている。
▶ 巫女の舞のように、神に捧げる舞。芸術や芸能を示している。

ここがポイント
収穫祭の舞姫が描かれたこのカードは、成功のお祝いを意味します。喜びを多くの人と分かち合うことで、幸せが膨らみます。

リーディングのコツ

恋愛なら
正：恋多き女性。パーティーでの出会い。披露宴。楽しい恋愛。
逆：女好きな男性。気の多い女性。遊びの恋。愛欲に溺れる。

仕事なら
正：芸能関係の仕事。美容・ファッション関係の仕事。芸者。
逆：イベントに関係する仕事。酒の席の接待。楽で儲かる仕事。

その他なら
正：人間関係の発展。祝福。ダンス。美的センス。閑談。
逆：遊びすぎ。快楽に陶酔。羽目を外す。騒がしい。享楽的。

ワンモアアドバイス
女性が3人描かれ、お酒を飲んでいます。今風に言うと、女子会です。複数の人が集まり、雑談や楽しくおしゃべりすることを示します。

第Ⅱ章　小アルカナを読み解く鍵

聖杯(カップ)の4
状況を受け入れて考える

聖杯(水)＝感情・受容性　　4＝安定・物質的側面

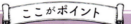

正位置×逆位置キーワード

正: 考えるとき / 倦怠 / 欲求不満 / ひとりになる
逆: 肯定的思考 / 新しい発想 / 援助がある / 瞑想

　男性は木の下に座り込み、聖杯を3つ並べていますが、問題や不満があるのか聖杯を手にすることはなく、腕を組んで考えています。空中から神の手が現れ、新しい聖杯を差し出していますが、彼はそれに気づきません。

Check①
男は、木の下で手と足を組み、座り込んで考えている。
▶ 静かな場所にいる。手と足を組むことは、心の内側に向かうことを示す。

Check②
雲から神の手が現れ、聖杯を差し出す。
▶ 新しい物事の受け取り方や考え方を、ひらめきという形で示唆。

ここがポイント
1(Ace)以外で唯一、神の手が出てきます。神性な世界から物質界にもたらされるエネルギーです。このカードは、ひらめきを示します。

リーディングのコツ

恋愛なら
正: 出会いがあっても心は動かない。満たされない愛。倦怠期。
逆: 新しい恋のチャンス。新しい出来事が倦怠期を打破する。

仕事なら
正: 仕事の不満。ひとりでゆっくり仕事をする。行動より考えるとき。
逆: 斬新なアイデアでチャンスをつかむ。スポンサーが現れる。

その他なら
正: ひとりになって考える。リラックス。休憩。受け取れない。瞑想。
逆: 新しい可能性が現状を変える。新しい人生の目標。気づき。

ワンモアアドバイス
正位置ではひとりで考えるカードとして読み、逆位置ではしっかり考えてリラックスした結果、斬新なアイデアが浮かぶと読みます。

第Ⅱ章　小アルカナを読み解く鍵

聖杯（カップ）の5
喪失による悲しみ

聖杯（水）＝感情・受容性	5＝五感・活動

正位置×逆位置キーワード

正：覆水盆に返らず／喪失感／寂しさ／自己憐憫
逆：可能性の発見／5分の2／省みる／可能性

倒れた聖杯の前に、男性は頭を垂れて立ちすくんでいます。3つの聖杯は倒れワインはこぼれていますが、男性の後ろには2つの聖杯が残っています。背景色も暗く、男性の服も黒で、落ち込んでいる心理状態を示しています。

Check①
川があり、遠くに橋がかけられて、家が見えている。
▶ 遠回りをすれば、自分の目的地にたどり着けることを暗示。

Check②
ワインの入った聖杯は、3つが倒れて、男の後ろに2つが残っている。
▶ 5つあるうち、3/5は喪失したが、2/5は残っていることを示す。

ここがポイント
黒いマントは、絶望を示します。正位置は自分の無力さを感じ、逆位置はショックから立ち直って残された可能性に気づくカードです。

第Ⅱ章 ── 小アルカナを読み解く鍵

リーディングのコツ

恋愛なら
- 正：相手の気持ちが離れたと思う。政略結婚を受け入れる。
- 逆：失恋しても愛されていることに気づく。復縁の可能性あり。

仕事なら
- 正：仕事のミスへの後悔。継ぎたくない家業を継ぐ。敗北感。
- 逆：やりたくなかった仕事でも徐々に慣れて、やり甲斐に気づく。

その他なら
- 正：心神喪失状態。立ち直れないショック。3/5の喪失。後悔。
- 逆：失って初めて気づく。嫌なことでも受け入れてみる。諦めない。

ワンモアアドバイス
ワインは血を象徴します。家族や血縁者のために、受け入れたくないけれども受け入れなければならない何かを示す場合があります。

聖杯（カップ）の 6
過去の思い出

聖杯（水）＝感情・受容性	6＝調和・美・道

正位置×逆位置キーワード

正: 約束／子供／幸せな記憶／プレゼント
逆: 自己成長／子供っぽい／温故知新／つらい思い出

　廃屋の庭に聖杯が並んで、白い花が飾られています。男の子が、小さな女の子に聖杯をプレゼントしています。廃屋の番人である大人の気づかない、子供だけの世界があります。また、初恋を思い出させるカードでもあります。

Check①
廃屋と去り行く番人。 ▶ 廃屋は過去を示し、番人である大人は過去から現在に向かっている。

Check②
花弁の5つある白い花が飾られた聖杯。 ▶ 花は純粋な恋心を示し、装飾は美化されていることを示す。

ここがポイント
このカードは、過去・現在・未来の時間軸のうち過去を示すカード。過去の思い出や、子供時代の思い出を表します。

リーディングのコツ

恋愛なら
- 正: 初恋。幼い恋。ソウルメイト。好きな人にプレゼントを贈る。
- 逆: 年齢相応のつき合い方。子供じみた甘え。過去の恋愛。

仕事なら
- 正: 子供に関する仕事。仕事の夢を持つ。目線を合わせる。
- 逆: 先人の知恵を仕事へ活かす。スキルアップ。実績を活かす。

その他なら
- 正: 古い建物。純粋さ。子供時代の影響。懐かしさ。思い出。喜び。
- 逆: 過去の経験を活かす。過去にしがみつく。記憶。幼さ。

ワンモアアドバイス
このカードの示す子供とは、自分自身の子供時代だけでなく、子供と関わることや自分自身の子供っぽい性格を示します。

第Ⅱ章　小アルカナを読み解く鍵

聖杯の7（カップ）
夢や理想を思い描く

聖杯（水）＝感情・受容性　　7＝思考・神秘・混乱

正位置×逆位置キーワード

正：我を失う／神秘的／夢想的／精神不安定
逆：聡明なビジョン／夢から覚める／霊的メッセージ／現実を受容

神秘的な存在に誘われて、7つの聖杯が雲の中に浮かび上がっています。聖杯には城や財宝などさまざまな欲望だけでなく、蛇やドラゴンなど不吉なイメージも立ち現れ、妄想が広がっています。男性は、その幻想に我を失っています。

Check①
女性、城、財宝、月桂樹など、聖杯に浮かび上がるさまざまなイメージ。
▶ 蛇は知恵、ドラゴンはエネルギー。男の願望や恐れなどを象徴する。

Check②
鮮やかな聖杯の下、驚愕する男の姿は、黒く描かれている。
▶ 男の意識が肉体というよりイメージの世界にあることを意味する。

ここがポイント
幻想なのか、霊的啓示なのか、カードには示されていません。このカードは、なんらかのインスピレーションを受け取ることを意味します。

第Ⅱ章　小アルカナを読み解く鍵

リーディングのコツ

恋愛なら
正：恋に憧れる。恋の妄想に耽る。理想の相手を想像する。片思い。
逆：イメージ通りの相手はいないことに気づく。恋の夢から覚める。

仕事なら
正：芸術的な創作などイメージを使う仕事。仕事に身が入らない。
逆：理想を追いかけず現実的に考える。アイデアが浮かばない。

その他なら
正：何かに夢中。非現実的。空想。現実逃避。理解できない。
逆：夢に癒される。インスピレーション。悪習を捨てる。

ワンモアアドバイス
［聖杯7］＋［愚者］は精神不安定な状態を示し、［聖杯7］＋［星］は夢による癒し、［聖杯7］＋［塔］は夢が壊れるという意味になります。

聖杯(カップ)の 8
勇気を持って止める

聖杯（水）＝感情・受容性　　　　8 ＝ 努力・継続・パワー

正：興味が移る／挫折／放棄／心残り
逆：現実を見る／やり直す／考え直す／興味の復興

　途中まで聖杯を並べかけて、興味が失せたのか、男性は聖杯を残し去って行きます。赤い服を着た彼は、何か別のものを求めて進みます。水辺の道を行くことは、今ある聖杯を残して去ることの心残りを示しています。

Check①
月が見守るように、赤い服を着た男が去って行くのを見ている。
▶ 月は心変わりを意味し、赤い服の男は情熱が去ることを示している。

Check②
積み上げていた2段めは3つで欠けがあり、中途半端。
▶ 継続してきたことが思うように行かず、途中で投げ出している。

ここがポイント
聖杯を積み上げている場所は、浅瀬近くの水際。今の状況が良くないので、新たな場所を求めて行動することを意味しています。

リーディングのコツ

恋愛なら
正：相手への興味が失せる。未練があるけど別れる。別れの潮時。
逆：寄りが戻る。未練がましい。（新しい）恋愛への興味が湧く。

仕事なら
正：考えの相違から責任を放棄。他の仕事に取りかかる。撤退。
逆：最後までやり通す。失われたチャンスが戻ってくる。挽回。

その他なら
正：状況を受け入れ、見切りをつける。心変わり。諦める。心像。
逆：未練を断ち切る。起死回生。最後までする。戻ってくる。

ワンモアアドバイス
［聖杯8］の意味は、正逆よりもむしろ、心理状態によって解釈が変わります。実占では、正・逆の意味の読み分けは曖昧です。

第Ⅱ章　小アルカナを読み解く鍵

聖杯（カップ）の9
努力の結果としての成功

聖杯（水）＝感情・受容性	9＝精神的充実

正位置×逆位置キーワード

- 正：仕事の成功／自信満々／人生の充実／願望成就
- 逆：成功への努力／傲慢さ／（物質的）強欲／自惚れ

アーチ型の棚の上に、優勝トロフィーのように聖杯が9つ並べて飾られています。商人姿の男性は、その前で自信満々で誇らしげに腕組みをしています。腰かけた椅子が粗末であることから、彼が成り上がってきたことが示されています。

Check①
高貴さを示す青い布がかけられた棚の上に、整然と並べられたカップ。
▶ 男が立ち上がれば、いつでも豊かさを手にすることができる。

Check②
腕組みをして座る商人の男。
▶ お客のニーズをすべて汲み取ることができる自信を持っている。

ここがポイント
［聖杯9］の示す喜びは、個人的な達成感です。次の［聖杯10］では、喜びの分かち合いによる幸せが示されています。

第Ⅱ章　小アルカナを読み解く鍵

リーディングのコツ

恋愛なら
- 正：経済力のある男性。愛される自信。妻をもらう。望みの相手。
- 逆：経済力で愛を得る。妥協し相手を受け入れる。独りよがり。

仕事なら
- 正：仕事に誇りを持つ。ニーズに対応する。目的達成。名誉。
- 逆：妥協して仕事する。利益を優先しすぎ。中途半端な結果。

その他なら
- 正：肉体的健康。努力の結果が現れる。物質的成功。自慢。
- 逆：成功には努力が必要。謙虚さが大切。暴飲暴食。蛇足。

ワンモアアドバイス
「Wishカード」と呼ばれ、願望実現を示す小アルカナの吉札です。［聖杯10］を「Wishカード」とするデッキもあります。

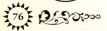

聖杯(カップ)の10
目標達成による幸せ

聖杯（水）＝感情・受容性　　10＝終わり・次世代

正位置×逆位置キーワード

正：家族の幸せ／未来への夢／理想を描く／夢を叶える

逆：高い理想／届かない夢／飽和状態／虚飾の幸せ

　仲睦まじい男女が、空の虹の上に並ぶ聖杯に向かって両手を広げ、奇跡に感動しています。子供たちはそれに気づいてはいないかもしれませんが、手を取り合い、喜び合って踊っています。家族の幸せが描かれています。

Check①
手の届かない、虹の上に聖杯が並んでいる。
▶ 愛は個人を幸せに満たし、愛や幸せが世界に広がる。

Check②
肩を組み合う男女と、踊る子たち。
▶ 夫婦の幸せと子供たちの幸せ。次世代の発展を暗示する。

ここがポイント
成熟した大人の結婚を意味します。お互い安定しているからこそ他者を受容し、協力し合い、人生の次のステージに進めます。

リーディングのコツ

恋愛なら
- 正：中年期以降の結婚に吉。祝福される再婚。幸せな家庭生活。
- 逆：幸せすぎて逆に不安。関係の不和。結婚への不安や失望。

仕事なら
- 正：目的達成。社会的な貢献。次世代の発展について考える。
- 逆：目標を失う。粉飾決算。業務怠慢。転職。仕事に飽きる。

その他なら
- 正：家庭円満。安住の地。真の満足。平和。幸福感。喜び。
- 逆：手が届かない。感謝が足りない。将来への不安。高望み。

ワンモアアドバイス
虹の上に輝く聖杯は、奇跡や幸せを象徴します。幸せが世界に広がることを意味しますが、理想主義者に出やすいカードでもあります。

第Ⅱ章　小アルカナを読み解く鍵

聖杯（カップ）のペイジ
浮かんだアイデアを提案する

聖杯（水）＝感情・受容性		ペイジ＝純粋・従順・学生
美しい子供　発想　正	正位置×逆位置 キーワード	逆　妄想　虚言
提案　想像力豊か		多感すぎる　優柔不断

　房のついた帽子に巻かれた布は、水が流れ出す様子を表しています。美しい服をまとう少年が、魚が顔を出している聖杯を誰かに見せるように右手で差し出しています。少年は、左手を腰に当てていて得意気です。

Check①
聖杯から、魚が出てきている。
▶ 水中生物が水の中から出ることは、潜在意識からのメッセージを示す。

Check②
湖のような水辺を背後に立つ少年。
▶ 水は、心を象徴する。少年は、潜在意識と顕在意識の境界に立つ。

ここがポイント
魚は、潜在意識からのメッセージを示します。このカードは、空想と現実の間に生きる子供のような意識状態を表します。

第Ⅱ章　小アルカナを読み解く鍵

リーディングのコツ

恋愛なら
- 正　デートの誘い。告白。ロマンチックな恋。守ってあげたい人。
- 逆　相手が信じられない。気まぐれな恋心。つかみどころがない。

仕事なら
- 正　アイデアの提案。感性を活かす。芸能界。仕事の気配り。
- 逆　現実をしっかりと捉えること。職場の環境に適応しにくい。

その他なら
- 正　率直な感情表現をする。従順さ。創造的な感性。想像力。
- 逆　感情的で浅い考え。被害妄想。魅惑的。不登校。嘘つき。

ワンモアアドバイス
すべての［ペイジ］はメッセンジャーを表しますが、［聖杯ペイジ］は、インナーチャイルド（純粋で素直な本質）からのメッセージを示します。

聖杯(カップ)のナイト
気持ちを汲み取り行動する

聖杯（水）＝感情・受容性		ナイト＝行動力・状況判断	
誠実さ　接近する	**正** 正位置×逆位置キーワード **逆**	多情　下心	
紳士的　美男		誘惑　不道徳	

　ゆっくりと馬を歩ませる騎士のまとう服には鯛が描かれ、豊かな感情や直感的な導きを表しています。彼は正面を向いて、まっすぐ歩み寄ってきます。彼の持つ聖杯は、相手の気持ちを汲み取る優しさを示しています。

Check①
騎士は、穏やかな性質の白い馬を、ゆっくりと歩ませている。 ▶ 騎士の穏やかな性質を示す。彼は、平和にことを進めていく。

Check②
馬は、ゆっくりと小さな川を渡ろうとしている。 ▶ 自分の領域から、相手の領域にゆっくりと働きかけることを示す。

ここがポイント
優しく誠実で美男子など、理想的な男性からのアプローチやプロポーズを意味します。「白馬に乗った王子様」を示すカード。

第Ⅱ章　小アルカナを読み解く鍵

リーディングのコツ

恋愛なら ▶
正　（男性からの）プロポーズ。優しい彼氏。積極的な愛情表現。
逆　誰にでも優しい男性。顔はいいけど力はない。ヒモ。情夫。浮気。

仕事なら ▶
正　サービス業。看護師。水商売。美的センスを活かす仕事。
逆　いい加減な対応。客と個人的な関係を持つ。サボる。

その他なら ▶
正　穏やかに進める。優しさを表現。チャンス到来。親切。
逆　怠慢。不正。不実。（アルコールなどの）依存。不誠実。

ワンモアアドバイス
［ナイト］は、社会人男性を示します。［聖杯ナイト］は、サービス業などの客のニーズを汲み取る能力と、対応する力を象徴しています。

聖杯のクィーン（カップ）
鋭い感受性で物事を考察する

聖杯（水）＝感情・受容性		クィーン＝受容的・女性性
正：未婚の女性／思いやり／強い感受性／内向性	正位置×逆位置キーワード	逆：排他的／閉鎖的／繊細すぎる／依存的

　女王の王座は、海に向かって配置されています。王座の飾りの人魚は、スピリチュアルな洞察の深さを表します。女王は、蓋のついている装飾された聖杯の中に込められたものを透視するかのように睨んでいます。

Check①
受容性を示す聖杯には、蓋がついている。
▶ 蓋は、簡単には受け入れないことや、受け入れたものを守ることを示す。

Check②
女王の王座は水際に配置され、海に向かっている。
▶ 彼女は感性の源である海、潜在意識の海に向き合っている。

ここがポイント
装飾された聖杯は、物事の表層的な事柄です。その奥にある真実を感じ取ろうとする、女性の持つ鋭い洞察力や女の勘を示します。

リーディングのコツ

恋愛なら
- 正：気持ちを受け入れる。若くて美しい婚約者。貞操を守る。
- 逆：恋に傷ついて心を閉ざす。片思い。ひとりの人を思いつめる。

仕事なら
- 正：看護師。ファッション関係。女性向けの仕事。カウンセラー。
- 逆：感情的で仕事に集中できない。接客業での疲れ。水商売。

その他なら
- 正：イメージを形にする。五感で感じ取る。思慮深さ。直感。
- 逆：被害者意識。悲観的。情に流される。女の勘。ノイローゼ。

ワンモアアドバイス
［聖杯クィーン］は、女性の処女性を示します。閉じられた蓋は、閉鎖的な心を示しますが、受け入れた愛を大切に守る性質も示します。

第Ⅱ章　小アルカナを読み解く鍵

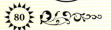

聖杯のキング
愛と知恵に満ちた寛大さ

聖杯（水）＝感情・受容性	キング＝責任・自信・誇り
正：寛大さ／師匠／豊かな情緒／芸術的感性	逆：不正／偽善／感情の暴走／自信喪失

正位置×逆位置キーワード

　海から地上が形成されます。海は潜在意識を示し、そこから物質界が形成されます。聖杯の王は、物質界を形成する潜在意識とつながったマスターです。右手には聖杯を、左手には権威を示す笏を持ち、自らの力を示しています。

Check①
海で示される潜在意識や感情世界に、王座が据えられている。
→ 感情を通して世界を認識し、感情を通して表現されることを示す。

Check②
王の背後には大きな船が運航し、魚が跳ねている。
→ 海はすべての地上とつながっていて、自由に行き来することができる。

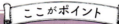
ここがポイント

潜在意識のエネルギーは無尽蔵です。〔聖杯キング〕は潜在意識につながり、洗練された愛や知恵ともつながっていることを示します。

リーディングのコツ

恋愛なら
- 正：相手を理解し、短所も長所も愛する。安心できる大きな愛。
- 逆：感情に支配される不安定な恋愛。愛や信頼より不信が勝る。

仕事なら
- 正：信用取引。説得力。信頼。教育関係の仕事。医師。芸術家。
- 逆：指導力のなさ。不正行為。無責任。ひいき。山師。香具師。

その他なら
- 正：人を感動させる力。善意。宗教家。海に関係すること。師匠。
- 逆：信頼できない。物事に陶酔。（神との）分離感。騙す。妄信。

ワンモアアドバイス
感情は人生を豊かにします。最も洗練された感情表現には愛が込められます。聖杯の王は、感情のマスターであり、穏やかです。

第Ⅱ章　小アルカナを読み解く鍵

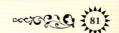

剣の1（Ace）
運命を切り拓く強い意志

剣（風）＝理性・社会性	1＝スタート

正 絶対的判断／意志の力／勝利の栄光／創造の知恵

正位置×逆位置キーワード

逆 破壊と創造／つらい決断／独善的／断ち切る

　雲から出た神の右手には、剣が力強く握られています。剣の先端には、勝利の象徴のヤシと平和の象徴のオリーブの葉が掛けられた王冠が掲げられています。空は暗く、荒涼とした大地が広がり、志はまだ形となってはいません。

ACE of SWORDS.

第Ⅱ章　小アルカナを読み解く鍵

Check①
5つの光の粒は、「神の手」を意味するヘブライ文字のヨッドの形をしている。
▶ ヨッドは、神の名前の頭文字。剣のエネルギーの神性が示されている。

Check②
右手の甲が描かれている。
▶ 甲を描くことで、より強い力やエネルギーを表している。

ここがポイント
［剣1］の剣には王冠が飾られ、最もパワフルなエネルギーが与えられています。理性と知恵を持つ人間が、物質界の王となるのです。

リーディングのコツ

恋愛なら	正	おつき合いの答えを出す。別れの決断。成功のための結婚。
	逆	冷めた愛情。未練を断って新しい人生をスタート。別れ。
仕事なら	正	リーダーシップを発揮。計画的なスタート。仕事の成功。
	逆	失うものがある成功。強引なやり方。プレッシャー。
その他なら	正	困難を克服する力。覚悟を決める。強い意志。信念。決意。
	逆	痛みを伴う決断。不安から攻撃的になる。不遜。破壊的。

ワンモアアドバイス
［剣1］は、意志の力で世界を切り拓くことを示すカードです。自分の人生への覚悟と責任を持って、人生を創造することを示します。

剣（ソード）の2
静かに調和を保つ

剣（風）＝理性・社会性	2＝2つあるものとの関わり

正位置×逆位置キーワード

正：バランス／静寂／心眼で見る／感受性
逆：繊細さ／閉鎖的／盲目的／不安

目隠しをした女性は2本の剣を胸の前でクロスして持ち、まるで心を閉ざしているようです。彼女は外側の世界を閉ざし、自分の内面を見つめています。背景に描かれた凪の海は、バランスの取れた彼女の心を表して、穏やかです。

Check①
女性は、胸の前で2本の剣をクロスしている。
→ 心の世界を、理性と感情を使って見つめようとしている。

Check②
背後の水辺は凪で、空には月が浮かんでいる。
→ 月は心を示す天体。水は心理世界を象徴。凪は心の平安を象徴する。

ここがポイント
水面（水＝感情）と空（風＝理性）の割合は、ちょうど彼女の胸で2本の剣と共に調和して、感情と理性の調和による平安を示しています。

第Ⅱ章　小アルカナを読み解く鍵

リーディングのコツ

恋愛なら
- 正：受動的だけど簡単には受け入れない。片思い。ロマンチック。
- 逆：盲目的な恋。相手を受け入れない。心を閉ざす。振られる。

仕事なら
- 正：冷静に状況を把握する。カウンセラー。職場の協調性。
- 逆：公私混同。変化がない。緊張感。正しい判断ができない。

その他なら
- 正：自分の本心と向き合う。共感。直観力。若い女性。静か。
- 逆：先の見えない不安。膠着状態。消極的な考え。心細い。

ワンモアアドバイス
描かれている人物が女性のカードは、女性的な受容性を示します。座っている状態は、行動するより、考えることを示しています。

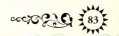

剣（ソード）の 3
危機による緊張状態

剣（風）＝理性・社会性	3 ＝表現・創造・結束

正位置×逆位置キーワード

- 正：不和／分裂／心を貫く思い／傷心
- 逆：分ける／別れ／破綻／理不尽

3本の剣が赤いハートの中心に向かって、ハートを貫いて刺さっています。このカードは、傷心を示します。ハートの背後には雲が湧き起こり、雨が降ってきています。剣の表す思考と雨で表す感情のバランスが崩れているのです。

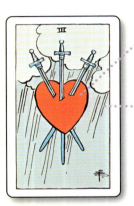

Check①
赤いハートに3本の剣が集中し、刺さっている。
→ ひとつの情熱的な心と、3つの考えや3人の思いを示す。

Check②
立ち込める雲と強い雨が降る様子。
→ 雲は、不透明感を意味する。雨は水の要素で、荒れる感情を示す。

ここがポイント
人物の描かれていないカードは、人間が支配できないことを示します。このカードの場合は、雨や嵐などの気象現象を示します。

第Ⅱ章　小アルカナを読み解く鍵

リーディングのコツ

恋愛なら
- 正：三角関係の緊張感。別れの予感。横恋慕。失恋の悲しみ。
- 逆：三角関係がばれて揉める。破局。離婚。距離を置く。不倫。

仕事なら
- 正：職場の揉めごと。どんなときも変わらない仕事への信念。
- 逆：グループの分裂。失敗。複数の仕事をする。デザイン関係。

その他なら
- 正：三つ巴の戦い。外科手術。強情に意地を通す。分離。
- 逆：物事を分けて考える。悪天候。ロゴマーク。傷跡。傷つく。

ワンモアアドバイス
健康占いでこのカードが出現すると、小さな手術を意味します。〔剣〕のスートがたくさん出た場合も、同様に手術を暗示します。

剣の4
戦士の休息

剣（風）＝理性・社会性	4 ＝ 安定・物質的側面
正位置×逆位置キーワード	
正：休養／思考の休止／癒し／小休止	逆：暇／休めない／動きがない／回復の兆し

　教会のステンドグラスには、聖母子が描かれています。壁には3本の剣が掛けられ、鎧を着けたまま横になった戦士の傍らに1本の剣が置かれています。彼は故郷の妻子を思うように祈りながら、束の間の休息を取っています。

Check① ステンドグラスには、聖母子の姿が描かれ、横たわった戦士は祈っている。
▶ 戦士の、妻と子供への思慕と家族愛、安らぎを示している。

Check② 戦士は棺の上に横になり、傍らに置かれた剣は黄色に塗られている。
▶ 新しい気づきにより、再生することを示している。

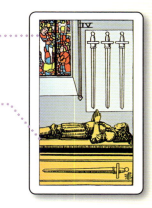

ここがポイント
［剣3］で受けた傷を、［剣4］で癒しています。死んだように見える戦士は、再起のための治療や祈りを捧げることの象徴です。

リーディングのコツ

恋愛なら
- 正：離れている人への思慕。愛する人の無事と安らぎを祈る。
- 逆：進展しない恋。人生に目覚める恋。恋の中休みが終わる。

仕事なら
- 正：問題から離れて考える。医療関係の仕事。休憩を取る。
- 逆：リラックスが効率を上げる。開店休業。活動再開へ向かう。

その他なら
- 正：寝ている人。睡眠に関すること。祈り。頭を休める。
- 逆：病院。再起に向かう。考えの結果を出す。墓。休養が必要。

ワンモアアドバイス
戦士が剣を持っていないことは考えを持たないことを、体の傍らに置かれた1本の剣は、考えをひとつに決め行動することへの可能性を示します。

第Ⅱ章　小アルカナを読み解く鍵

剣の5
殺伐とした競争社会

| 剣（風）＝理性・社会性 | 5＝五感・活動 |

正位置×逆位置キーワード

正: 横暴な手段／狡猾さ／情勢不安／空虚な勝利
逆: 裏切り／敗北／犠牲者意識／悪徳

笑みを浮かべる男性は、3本の剣を持っています。その後ろには剣を捨てて去っていく男と、泣いている男の姿が。強風に流されている雲は、争いや荒んだ人間模様を写しています。裏切りなど、切り捨てられた関係性を意味します。

Check①
剣を投げ捨てて去っていく男の手前に、剣を拾う狡猾な男がいる。
▶ 狡猾な手段を用い、手柄を横取りしたり情報を得たりする象徴。

Check②
背後に描かれている激しい風にあおられる雲と、泣いている男。
▶ 激しい風（社会の厳しさ）によって、雲（水＝感情）が不安定に乱れる。

ここがポイント
複数の人間がばらばらに描かれているこのカードは、人間関係の不和や、組織的・社会的な問題があることを示しています。

第Ⅱ章 ── 小アルカナを読み解く鍵

リーディングのコツ

恋愛なら
正: 恋愛トラブル。恋愛スキャンダル。自己中心的なつき合い方。
逆: 恋愛以外の目的がある人。嘘がばれる前に去る。不信。

仕事なら
正: 手段を選ばず勝つ。利益の独占。搾取。組織の機能不全。
逆: リストラ。手柄を奪われる。技術や情報を盗む。損失。

その他なら
正: 厳しい世間。社会不安。いじめ。自暴自棄。悪口。卑怯なやり方。
逆: 奪う（奪われる）。自己欺瞞。葬儀。不幸。不正。詐欺。搾取。

ワンモアアドバイス
［剣4］には墓、［剣5］には葬式という意味があります。水辺に立って泣いている男は、理屈抜きで喪失の悲しみや別れの悲しみを示します。

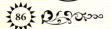

剣の6
新天地への旅立ち

剣（風）＝理性・社会性　　　　6＝調和・美・道

正位置×逆位置キーワード

正：平穏な出発／最先端技術／母子／導かれる

逆：出発の遅延／前進しない／未来の不安／非力な協力者

　舟は、母親と子供を乗せて静かに旅立っています。先端に6本の剣が刺さった舟は、新しい場所での厳しい状況を暗示しているようではありますが、母子の新しい世界に向かっての旅立ちは、船頭が安全に運んでくれるようです。

Check①
母子の目の前、舟の先端部分に6本の剣が刺さっている。
→ 舟の先端の剣は、未来へ向かおうとする決意と近い未来への不安を暗示。

Check②
頭から布をまとい、姿を隠すように舟に乗る母親と脇に座る子供。
→ つらい現状から逃げて、子供と一緒に新しい世界に向かおうとしている。

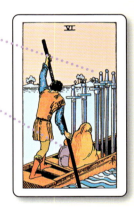

ここがポイント
このカードは暗い印象ですが、小アルカナの「6」は、カバラの生命の木によればポジティブな意味です。［剣6］は、未来に向かう旅を示します。

リーディングのコツ

恋愛なら
- 正：新しい恋へ旅立つ。順調な交際。水辺のデート。恋の援助。
- 逆：進展の遅い恋。新しい恋への不安。シングルマザーの恋。

仕事なら
- 正：最先端の技術。新しい職場。科学的な知識を活かす。後援。
- 逆：進捗が遅れる。仕事の将来性や発展への不安。技術不足。

その他なら
- 正：順調な滑り出し。新しい技術。旅行。新生活。案内。
- 逆：感情に理性が呑まれる。将来への不安。延期。気持ちの停滞。

ワンモアアドバイス
母子が描かれるこのカードは、シングルマザーの社会活動や恋愛を占うときによく出現します。母子を導く第三者（船頭）を暗示します。

第Ⅱ章　小アルカナを読み解く鍵

剣の7
思考と行動の矛盾

剣（風）＝理性・社会性	7 ＝思考・神秘・混乱

正位置×逆位置キーワード

- 正：矛盾／知識の習得／姑息な手段／混乱
- 逆：問題の解決／相談／正しい方向性／ユーモア

サーカスのような軍隊の野営テントから、ひとりの男性が隙を突いて剣を盗み出すようです。背景が黄色であることから、彼の行為は白昼に行われています。彼は7本あるうちの5本を抱えて、残した2本の剣を振り返って見ています。

Check①
7本の剣のうち、5本を抱えて、去っていく。
→ そこにある情報（剣）のすべてを習得できないことを示している。

Check②
盗みを働く男の背後には、明るい黄色の背景色が使われる。
→ 黄色は、知恵や意志のエネルギーを示す。思考をテーマにするカード。

ここがポイント
男の顔の向きと足の向きが反対になっていることから、矛盾を示すカード。心の中の矛盾や、思考と行動の矛盾を示す場合もあります。

第Ⅱ章　小アルカナを読み解く鍵

リーディングのコツ

恋愛なら
- 正：他人の恋愛に興味を持つ。素直になれない恋。裏切り行為。
- 逆：恋の悩みを友達に相談する。素直になることが大切。謝る。

仕事なら
- 正：情報や技術を盗む。スパイ。敵の油断がチャンス。浅知恵。
- 逆：専門家に相談。仲間と協力。問題の解決策が見つかる。

その他なら
- 正：いくつか残る。現実逃避。言動の違い。孤立。嘘。借用。盗む。
- 逆：物事を正面から見る。アドバイス。嘘がばれる。仲間を持つ。

ワンモアアドバイス
物事を照らし出す黄色が、男の窃盗を明らかにしています。［剣7］がレイアウトの最初に出れば、占う内容に嘘がある場合があります。

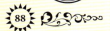

剣(ソード)の8
つらい状況を耐える意志の強さ

剣（風）＝理性・社会性	8＝努力・継続・パワー

正位置×逆位置キーワード

正：忍耐力／身動き不可／試練の受任／不動心
逆：解放される／束縛が緩む／困難を克服／回復

目隠しをされ縛られた赤い服の女性が、湿地に立っています。その姿は、まるでつらい状況を受け入れているようです。彼女の足元はぬかるみ、周りを剣で囲まれて危険な状態ですが、女性はこの状況をひとりでじっと耐えています。

Check①
赤い服を着て、目隠しをされ縛られた女性が、剣に囲まれ立っている。
▶ 身動き取れない状態だが、その状況に負けない赤い生命のエネルギー。

Check②
干潟の湿地は、潮が引いてできている場所。そこにひとりで立つ女性。
▶ 干潟は水（感情）と地（安定）が入り混じる場所。安定は感情次第の状況。

ここがポイント
人物が女性であることから、困難を受け入れることを意味し、剣は意志のエネルギーなので、状況を自ら受け入れていることを示します。

リーディングのコツ

恋愛なら
正：家族が認めてくれない交際。束縛する恋人。試練の多い恋。
逆：悩みから解放され自由に恋をする。不安をひとりで乗り切る。

仕事なら
正：制約の多い仕事。周りからの干渉で自分の意見が出せない。
逆：危機的な状況を耐え忍ぶ。規制緩和。女性の社会進出。

その他なら
正：女性の病気。妊娠に関する不安。孤立。中傷。情報過多。
逆：恐れからの解放。状況の改善。流産に注意。妨害がある。

ワンモアアドバイス
［聖杯8］は浅瀬、［剣8］は干潟と、「8」は地（現実）と水（感情）の交錯する心理を示します。［剣8］は、理性や社会性により動けない様子です。

第Ⅱ章　小アルカナを読み解く鍵

剣（ソード）の 9
希望を見出せない状態

剣（風）＝理性・社会性	9 ＝ 精神的充実

正位置×逆位置 キーワード

正: 絶望／喪失感／孤独感／闘病生活
逆: 希望を見出す／感謝する／床に伏す／終末思考

暗闇に、連なった9本の剣が浮かび上がっています。決闘の様子が彫られたベッドに寝ている女性は、顔を手で覆い、愛する人を失った悲しみで眠れないでいます。真っ暗な闇の中、彼女は絶望感に苦しんでいます。

Check①
暗闇の中、女性の胸から上の位置に、横倒しになった剣が連なっている。
→ 暗闇は絶望を示す。胸を満たす悲しみにより、意志を打ち立てられない。

Check②
赤いバラと占星術記号が描かれているベッドカバー。
→ 赤いバラは生命力と意識の昇華を示し、占星術記号は聖なる導きを示す。

ここがポイント
小アルカナの中で、唯一暗闇を示すカード。闇は恐怖や絶望を象徴し、たとえ小さなことでも当人は絶望的に悩んでいます。

リーディングのコツ

恋愛なら
正: 愛する人を失った悲しみと寂しさ。恋煩い。失恋の悲しみ。
逆: 泣かなくなったけど恋の悲しみから立ち直れない。恋の破局。

仕事なら
正: 試行錯誤を繰り返したが上手くいかない。仕事のストレス大。
逆: やるべきことはやり尽くした。まったく違った視点で物事を見る。

その他なら
正: 陰鬱な気持ち。治療の難しい病気。悪い知らせ。悲しみ。
逆: 病気の悪化。事実を受け入れる。占い。神頼み。受け入れる。

ワンモアアドバイス
健康占いで［剣4］や［剣9］が出てくると、病気の治療に時間がかかることを示します。また、睡眠に関する問題があると読めます。

第Ⅱ章 小アルカナを読み解く鍵

剣（ソード）の10
苦しみからの解放

剣（風）＝理性・社会性	10＝終わり・次世代

正位置×逆位置 キーワード

正
- 長い苦痛
- 終わり
- つらい状況
- 衰弱

逆
- 新しい可能性
- 良い前兆
- 苦痛から解放
- 一時的好転

　湖のほとりに、10本の剣が突き刺さった男性が行き倒れています。これは、彼がたくさんの攻撃を受けて息絶えたことを表しています。暗い夜の闇が終わり、朝の光が射しています。その光は、遠くの山を浮き上がらせています。

Check①
体に剣が10本刺さって倒れている男。
▶ 長期間耐えていた苦痛の限界がきた。剣は言葉や批判と解釈できる。

Check②
夜の闇が終わり、対岸の山から朝日の光が見えてきている。
▶ 絶望の後の新しい可能性。新しい兆しを示している。

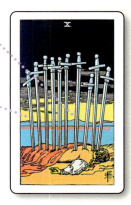

ここがポイント
［剣9］の絶望が、［剣10］で終わります。古い考えでは立ち行かず、古い考えを持つ自分が死に、新しい考えで生きることを示します。

リーディングのコツ

恋愛なら
- 正 長い間別れ話をしている。終わらせた方がいい恋。破局。
- 逆 失恋の痛手から立ち直る。恋の兆し。別れの後の出会い。

仕事なら
- 正 つらい仕事はまもなく終わる。度重なる失敗。会社を辞める。
- 逆 古い考えを捨て、新しい発想を取り入れる。新しい仕事の話。

その他なら
- 正 計画の失敗。我慢せずに終わらせる。苦労。終局。絶望的。
- 逆 人生の新しいステージ。希望の光。再起の機会。時代の変化。

ワンモアアドバイス
水辺の描かれた［剣］のカードは、剣の示す理性と水の示す感情とのバランスや、心理の世界を意味します。［剣10］では、心の死を示します。

第Ⅱ章　小アルカナを読み解く鍵

剣のペイジ（ソード）
状況に対応し、身構える

剣（風）＝理性・社会性　　ペイジ＝純粋・従順・学生

正：練習／情報の選別／利口な子供／鍛える
逆：疑心暗鬼／軽率／反抗的な子供／頭でっかち

正位置×逆位置キーワード

　粗末な服を着た少年が、真剣な表情をして剣の練習をしています。仮想の敵と戦っているのかのように、彼は剣を構えています。背景の空は青く清らかですが、少年の背後からは鳥が飛び立ち、雲が立ち昇り、緊張感を高めています。

Check①
剣を持った少年がひとり、隙なく、構えている。
▶ ひとりでトレーニングをしていることを示す。

Check②
青い空に立ち昇る積乱雲は、天候が乱れることを暗示している。
▶ 天候の乱れは、社会の乱れを示し、何か起こることを暗示している。

ここがポイント
［剣ペイジ］は、強い好奇心で物事を知り、理解します。少年なので非力に見えますが、鋭い洞察力を持っていることを示します。

リーディングのコツ

恋愛なら
正：信頼関係が大切。相手の出方を見るとき。誘う隙がない。
逆：振られる。可愛気のない反応。相手を警戒しすぎ。軽薄な人。

仕事なら
正：臨機応変に対応する。調査員。スパイ。情報処理。技術職。
逆：周りの人から孤立する。仲間のない状況。雑に仕事を処理する。

その他なら
正：地道な努力。慎重な行動。浪人。身構える。用心。警戒心。
逆：警戒して心を開かない。暗中模索。ずる賢い。頭でっかち。

ワンモアアドバイス
雲の立ち昇るこのカードは、何らかの問題が起こる予兆を表します。想定できる問題を列挙して、処理する方法を考えておきましょう。

第Ⅱ章　小アルカナを読み解く鍵

剣のナイト（ソード）
向かい風の中を進む

剣（風）＝理性・社会性　　ナイト＝行動力・状況判断

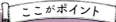

正：任務遂行／勇敢さ／挑戦／使命感
逆：強引さ／少ない勝算／無謀な挑戦／間違った信念

正位置×逆位置 キーワード

　白い馬に乗った騎士が剣を振り上げ、勢いよく敵に攻撃を仕掛けています。背景に描かれた景色から、彼が向かい風の中を進んでいることが分かります。騎士は、障害があっても突き進む意志の強さ、知恵と行動力を持っています。

Check①
馬は勢いよく走り、騎士は剣を振り上げている。
▶ 馬の勢いは騎士の性格を示し、敵に切り込む勇気を示している。

Check②
強風にあおられる木々と、切れ切れに流れる雲。
▶ 社会情勢が乱れていることを暗示している。

ここがポイント
［剣ナイト］は、覚悟を持って進むことを意味します。困難を感じても、諦めないで前進すること。信念が運命を切り拓くことを教えます。

第Ⅱ章　小アルカナを読み解く鍵

リーディングのコツ

恋愛なら
- 正：一方的にデートを進める。恋愛に興味がないとき。真剣すぎる。
- 逆：相手を気遣う余裕がない。一方的に考えを押しつける。空回り。

仕事なら
- 正：危険を伴う仕事。企業戦士。警察官。公務員。技術職。技師。
- 逆：危機管理の不足。強引さが裏目に出る。作戦の失敗。

その他なら
- 正：向かい風の中を進む。自信と信念を持ち行動する。正義感。
- 逆：破壊的な行動。人の意見を聞かない。勢い任せ。向こう見ず。

ワンモアアドバイス
このカードは、正位置でも困難な状況を示します。向かい風だからこそ、高く飛ぶことができる。ピンチをチャンスに変えるのは勇気です。

剣のクィーン（ソード）
物事を受け入れ、判断する

剣（風）＝理性・社会性　　　クィーン＝受容的・女性性

正：社交性／理解力／キャリアウーマン／知的な女性

正位置×逆位置キーワード

逆：女性の悲哀／離婚した女性／了見の狭さ／偏見

　女王は右手に剣を持ち、左手は相手を受容するように伸ばして呼びかけています。これは出会いと別れを意味し、彼女の社交力を象徴的に表しています。背後には湧き立つ雲が描かれ、雲と同じ高さに王座が置かれています。

第Ⅱ章──小アルカナを読み解く鍵

Check①
右手には剣を握り、左手は手のひらを見せている。
→ 右の剣は意志の主張を、左手の手のひらは受容を象徴している。

Check②
雲の湧き立つ大地と、空と雲を表わすマントをまとう女王。
→ 雲は、水（感情）のエネルギーが空に昇り、風（意志）のエネルギーへの変換。

ここがポイント
雲は、感情が昇華して、人生を切り拓く崇高な意志に変換される象徴。王座や冠に彫刻された蝶は、空を自由に飛ぶ変容の象徴です。

リーディングのコツ

恋愛なら
- 正：恋も仕事も両立する女性。離婚歴のある女性の恋。誘う。
- 逆：恋多き女性。恋愛に冷めている。その場限りの恋。不感症。

仕事なら
- 正：キャリアウーマン。接客業。機転が利く。商才のある女性。
- 逆：女性の出世の難しさ。主張を受け入れてもらえない。八方美人。

その他なら
- 正：未亡人。悲しみを乗り越える。冷静沈着な判断。知恵。
- 逆：ヒステリック。嫉妬による批判。悲観。悪意。噂話。厳しさ。

ワンモアアドバイス
まっすぐ立てた剣は、〔正義〕と同様に自他共に正すことを示しています。〔剣クィーン〕は、自己表現と他者受容、人間関係を示すカードです。

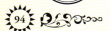

剣(ソード)のキング
自分の判断に責任を持つ

剣（風）＝理性・社会性	キング＝責任・自信・誇り

正	裁判官	創造的思考	正位置×逆位置キーワード	逆	独裁者	独善的
	理性的	鋭い判断力			無慈悲	残酷な判断

　正面を向いた剣の王は、知性を示す天使の王冠を被り、正々堂々と座っています。彼の王座は雲よりも高く、さらに高い背もたれには蝶が彫刻されています。彼はまっすぐに前を見て、公正な判断を下す知識と覚悟を持っています。

Check①
王座の高い背もたれには、蝶や天使の彫刻がほどこされている。
→ 蝶は風のエネルギーの象徴で高い意識を示し、天使は知性を象徴する。

Check②
王は、赤のマントと空色の衣をまとっている。
→ 赤は情熱の象徴。青は冷静さと権威と神聖なエネルギーを意味する。

ここがポイント
［剣キング］は、自己を知り、社会的な役割に自信と責任を持って成功します。他者を活かし自分を活かす創造的思考を示します。

リーディングのコツ

恋愛なら
- 正：自信を持って揺るがない愛を誓う。社会的に申し分ない人。
- 逆：思いやりの欠如。独善的な愛の押しつけ。サディスティック。

仕事なら
- 正：医師（外科）。弁護士。高級官僚。専門知識を活用。決裁権。
- 逆：創造というより、破壊的発想。失敗を認めない。秩序の乱れ。

その他なら
- 正：思考で運命を創造する。社会的信頼。大義。行政。冷静沈着。
- 逆：独善的な考えで他者を支配する。言葉の暴力。間違った判断。

ワンモアアドバイス
［剣クィーン］と違って、［剣キング］は剣を斜めに向けており、知恵に方向性が示されています。左手はこぶしを作り、力強さを表しています。

第Ⅱ章　小アルカナを読み解く鍵

金貨の1（Ace）
ペンタクルス
欲しいものが手に入る

金貨（地）＝物質・継続	1＝スタート

正位置×逆位置キーワード

正：具体化する／充実／成果／所有する
逆：金銭的要素／形にこだわる／不十分／未完成

　バラの垣根で囲われたユリの咲く庭に、大きな金貨を乗せた神の右手が雲から現れています。金貨には、人間の五体を示す五芒星が描かれています。このカードは思いが形になること、願望実現を象徴しています。

ACE of PENTACLES.

Check①
神の右手には、大きな金貨が与えられるように乗せられている。
▶ 金貨は物質的なエネルギーを表し、神から与えられた肉体を示す。

Check②
バラとユリの咲く庭には、出口に続く道がある。出口からは、山が見える。
▶ 安全で守られたエデンの園を出たアダムとイヴは、肉体をまとい物質界へ。

ここがポイント
人間の活動は、肉体によって行われます。五芒星は五体を意味しますが、物質界を楽しむために与えられた五感でもあります。

第Ⅱ章　小アルカナを読み解く鍵

リーディングのコツ

恋愛なら
正　恋愛成就。結婚の話がまとまる。経済的に安定した結婚。
逆　結婚を考えるなら、経済的な問題を明確にすること。下心。

仕事なら
正　物質的利益。新しいプロジェクト。良い結果を得る。夢をつかむ。
逆　成功には具体的な計画が必要。努力の継続による成功。

その他なら
正　安定。目的達成。繁栄。大金が入る。形式。形。夢の実現。
逆　努力が必要。つかみきれない。こだわりすぎ。裏金。結果。

ワンモアアドバイス
小アルカナの［聖杯9］［聖杯10］に並び、願望実現を意味するカード。［金貨1］の場合はAceなので、達成後の新たなスタートを示します。

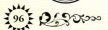

金貨（ペンタクルス）の2
変化するもの、交流するもの

金貨（地）＝物質・継続		2 ＝ 2つあるものとの関わり
変化　交流 繰り返し　日課	正位置×逆位置 キーワード	不安定　浮き沈み 娯楽　疎通できない

　道化師のような格好をした男性が、無限大の形をした黄緑のリボンでつながっている2つの金貨のバランスを取っています。彼の背後の海は大きく波打っています。一見、楽しそうにも見えますが、彼の顔はつまらなさそうにも見えます。

Check①
2つの金貨を、無限大を象る黄緑のリボンがつないでいる。
▶ 金貨はお金を示し、支出と収入が繰り返されることを示している。

Check②
背後の海に2艘の船が行き交い、波が大きくうねっている。
▶ 2艘の船は、2つのものの交流を示す。波は変化を示している。

ここがポイント
［金貨1］は安定を示しますが、続くこのカードは変化を示します。物質界の安定は、変化が無限に継続することだと教えています。

リーディングのコツ

恋愛なら
- 正　メール交換しよう。お互いの気持ちが通じ合う。享楽的な恋。
- 逆　恋人と連絡がつかない。噛みあわない相手。マンネリ。

仕事なら
- 正　貿易関係。意見の交流。変化に対応。2つのものを扱う。
- 逆　ルーティンワーク。収入と支出のアンバランス。軽率なミス。

その他なら
- 正　コミュニケーション。資金繰り。エンターテイメント。楽しみ。
- 逆　文書による連絡。楽しめない。不安定。偽りの陽気。享楽的。

ワンモアアドバイス
［金貨2］は支出収入の繰り返しを示し、資金繰りなどの苦労を暗示します。［金貨7］と共に出ると、金銭問題を抱えていることを意味します。

第Ⅱ章　小アルカナを読み解く鍵

金貨(ペンタクルス)の3
協力しあう組織的な活動

金貨(地)＝物質・継続	3＝表現・創造・結束

正: 協働の成功／組織／建設的／名誉
逆: 結束力不足／組織の問題／技術不足／不敬

正位置×逆位置キーワード

　教会修復の作業をしている石工のところへ、設計図を持った修道士と修道女が集って話し合っています。3人で協力して、仕事を成す姿が描かれています。金貨は色が抜けて教会の壁になり、金銭的利益よりも名誉を意味しています。

Check①
3つの金貨は黄色い色が抜けて、教会の壁の一部となっている。
▶ 教会は神聖な場所。3つの金貨は、神聖な三位一体を示している。

Check②
修道士たちは、設計図を手にしている。
▶ 設計図や青写真は、計画を立てることを意味する。

ここがポイント
建物の入り口が見えていても、中は暗くて見えないのは、高度な技術など、一般人には分からない領域を示しています。

第Ⅱ章　小アルカナを読み解く鍵

リーディングのコツ

恋愛なら
正: お見合い。紹介で出会う。結婚式。学校や職場での出会い。
逆: 結婚するには具体的な計画が必要。恋人というより仲間。

仕事なら
正: 仕事の名声。特別な才能。卓越した専門技術。話し合い。
逆: 計画性不足。組織力が活かせない。技術の未熟さ。建築関係。

その他なら
正: 学校。組織。学ぶ。師弟関係。宗教。教授する。三位一体。
逆: 閉鎖的。仲間と合わない。神秘。手抜き。勉強不足。個人主義。

ワンモアアドバイス
［金貨8］と共に技術職を示すカードですが、［金貨3］の方が他者と共に協力し合い、自分の責任を果たして仕事を成し遂げることを示します。

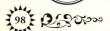

金貨（ペンタクルス）の 4
所有したものを保持する

金貨（地）＝物質・継続	4＝安定・物質的側面

正位置×逆位置キーワード

正：富の保有／保守する／信念がある／不動心
逆：執着／独り占め／頑固／偏見

　金貨を頭の上に乗せ、もう1枚を両手で抱え込み、2枚の金貨を両足で押さえる王がいます。そのため、彼はこの場所から動くことができません。執着心を表していますが、この領土を保全する彼のひたむきな思いが描かれています。

Check①
頭、胸、両足と4枚の金貨を押さえている王。
▶ 富の所有を象徴。守るものがあるため身動きが取れない状況でもある。

Check②
背後には、栄えて豊かな町並みが描かれている。
▶ 王に守られている領土を示す。土地の支配者、不動産所有を意味する。

ここがポイント
［金貨4］は豊かさを象徴するカードですが、豊かさを保持するため保守的になり、執着して動けなくなることを示唆しています。

リーディングのコツ

恋愛なら
正：結婚につながる安定した交際。経済力のある人。現状維持。
逆：出会いのための行動が必要。束縛する相手。エゴイスト。

仕事なら
正：アイデアと信念と実行力。成功。結果を出す。不動産関係。
逆：安定確保が大切。（古い考えへの）固執が発展を妨げる。

その他なら
正：信念を持ち実行する力。守るもの。地に足を着ける。
逆：変化に抵抗。安全が脅かされる。大切なものを失う。動けない。

ワンモアアドバイス
頭で天からのアイデアを形にし、胸に確固たる信念を抱き、足で実際的な行動をしたとき、この世での形や財となることを示しています。

第Ⅱ章　小アルカナを読み解く鍵

金貨（ペンタクルス）の 5
困難を逃れるための前進

| 金貨（地）＝物質・継続 | 5＝五感・活動 |

正位置キーワード：貧困／路頭に迷う／パートナー／当てがない

逆位置キーワード：救済の希求／協力者を失う／孤立／失望

　雪の降る中を、粗末な服を着た貧しい男女が歩いて行きます。前を進む女性の後を松葉杖をつきながら歩く男性は、虚ろな表情を浮かべています。教会に入れば寒さを凌げるのですが、2人はそれに気がつかないのか通り過ぎていきます。

Check①
ステンドグラスの金貨は生命の木の形に飾られ、その前を通り過ぎる男女。
▶ 物質的な貧困が、心をも貧しくしている。救いの場所を通り過ぎる。

Check②
女性が前を歩き、ケガをした男性は虚ろな顔で後に続く。
▶ 女性のリードや、貧しくてもつらくても一緒にいるパートナーを示している。

ここがポイント
貧しい者にも、神は導きを示します。しかし、貧困と失望でそれに気づかない。心の貧しさゆえに、チャンスを逃すことを意味しています。

第Ⅱ章　小アルカナを読み解く鍵

リーディングのコツ

恋愛なら
- 正：つらいときも一緒にいてくれる人。女性がリードする恋愛。
- 逆：経済問題が原因で別れる。愛想を尽かす。認められない恋。

仕事なら
- 正：失業。就職難。やりたい仕事を探す。助け合って仕事する。
- 逆：無力な者同士の助け合い。仕事を探しても見つからない。

その他なら
- 正：ケガに注意。チャンスに気づかない。貧乏。無計画。相哀れむ。
- 逆：自立できない。愛もお金も失う。援助を求める。孤独。無力感。困窮。

ワンモアアドバイス
このカードは、経済問題もさることながら、人生の路頭に迷うという意味で出現します。例えば、失業や再就職の難しさを示します。

100

金貨（ペンタクルス）の 6
バランスを取る

金貨（地）＝物質・継続	6＝調和・美・道

正位置×逆位置キーワード

正：慈善／契約成立／恵みの付与／商取引
逆：不平等／雇用の問題／偽善／不調和

商人は、黄色い服の物乞いにお金を恵んでいます。彼らは見つめ合い、関係を築いているようです。青い服の物乞いも恵みを求めていますが、商人は彼を見ていません。左手に天秤を持っていますので、契約があるのかもしれません。

Check①
左から3、1、2と金貨が並んでいて、その下に物乞いが描かれる。
▶ 左の物乞いにだけお金が与えられ、物質界や金銭に関する不平等を示す。

Check②
商人は右手でお金を持ち、左手に天秤を持つ。
▶ 天秤は公正さや平等の象徴。右手にお金を持つことから取引を示す。

ここがポイント
［金貨6］は、物質界における貧富の差や不平等を表していますが、同時に富める者が貧しい者を助けるという人間社会の愛を示します。

リーディングのコツ

恋愛なら
正：お互いを信頼しあう関係。紹介してもらう。仕事での出会い。
逆：二股。両天秤にかける。相手を信頼できない。利己的な人。

仕事なら
正：取引の成立。雇用される。慈善事業。人材派遣。商才がある。
逆：不利な取引。契約と実際の仕事が違う。契約違反。薄給。

その他なら
正：恵みを得る。信頼関係。与えること。寄付。バランス。
逆：人間関係の不調和。約束と違う。借金。契約違反。偏り。

ワンモアアドバイス
［金貨6］は、商人が労働力を提供した者へ賃金を支払っている場面と見ることもできます。仕事や雇用に関するテーマを持つカードです。

第Ⅱ章　小アルカナを読み解く鍵

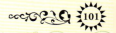

金貨（ペンタクルス）の 7
成果が出るのに時間がかかる

| 金貨（地）＝物質・継続 | 7 ＝思考・神秘・混乱 |

正位置×逆位置キーワード

正：仕事の不満／成果なし／望まぬ結果／悩み
逆：きつい仕事／工夫が必要／間引く／面白味がない

　農作業をしている男性は、作物として描かれている金貨を見ながら、ひとり考え込んでいます。彼はせっかく実った作物の出来具合に満足できないようです。これは、頑張っても思うような結果が得られていないことを表しています。

Check①
農作業をしている男は、実った作物を前に悩んでいる。
▶ 天候などの影響で、実りが左右される。努力が報われにくい仕事への悩み。

Check②
作物として描かれた金貨を見ながら、男は悩んでいる。
▶ 行ったことの結果として金貨が現れて、彼はその結果に悩んでいる。

ここがポイント
実った結果に満足できないと悩む男。どうやってそれをお金に換えようかと考えています。仕事やお金の悩みを示すカードです。

第Ⅱ章　小アルカナを読み解く鍵

リーディングのコツ

恋愛なら
正：進展しない交際。相手への不満。良い出会いがない。
逆：交際の将来について悩む。ひとりになるのを恐れてつき合う。

仕事なら
正：結果が出るのに時間が必要。自然相手の仕事。薄利多売。
逆：頑張っても報われない仕事。お金にするには工夫がいる。

その他なら
正：意欲が沸かない。育てる。物足りない。ひとり悩む。不満。
逆：お金に関する心配。良いものだけを選別し、活かす。悩み。

ワンモアアドバイス
実っているのに悩んでいるという不思議なカード。各スートの「7」は、人物がひとり描かれ、思考など心理的な要素を示しています。

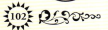

金貨（ペンタクルス）の8
継続により力をつける

金貨（地）＝物質・継続	8＝努力・継続・パワー

正位置×逆位置キーワード

正：技術の向上／継続する／努力／物づくり
逆：未熟な技術／繰り返す／飽きる／惰性

金貨に彫刻を施している職人がいます。彼は、出来上がった金貨を柱に並べて積み上げています。よく見ると、金貨の大きさは微妙に違っています。地道に同じ作業を続けることで、彼は自分の技術を高めようとしています。

Check①
職人がいくつもの金貨に彫刻し、柱に積み重ねている。
▶ コツコツと仕事を続けている。努力の継続と根気強さを示している。

Check②
積み重ねられた金貨のそれぞれの大きさが微妙に違う。
▶ 彼の技術の未熟さを示している。だからこそ、努力を続けている。

ここがポイント
［金貨3］の名誉ある仕事を成し遂げるために、［金貨8］は技術を磨くカードです。技術を高めるため努力の継続を示しています。

リーディングのコツ

恋愛なら
- 正：結婚に向けてお金を貯める。地味だけど誠実な愛情表現。
- 逆：長い交際期間。相手に飽きて浮気心を持っている。不実。

仕事なら
- 正：技術職。真面目な勤務態度。職業訓練。製造業。見習い。
- 逆：単純労働。お金のために働く。雑な仕事。腕を活かせない。

その他なら
- 正：時間と共に結果が現れる。将来性がある。実力をつける。
- 逆：手抜き。自分より他の人のことがよく見える。真似。飽きる。

ワンモアアドバイス
［金貨6］商人、［金貨7］農業、［金貨8］職人と、職業を示しています。［金貨8］は積み上がった金貨から、貯金を示すカードでもあります。

第Ⅱ章　小アルカナを読み解く鍵

金貨の9
（ペンタクルス）
才知を活かして成功する女性

金貨（地）＝物質・継続	9＝精神的充実

正位置×逆位置キーワード

正：幸せな結婚／華やかさ／豊かな暮らし／女性の成功
逆：愛よりお金／打算的／パトロン／贅沢

ブドウの垣根は、豊かさを表しています。守られた垣根の内側では、美しいドレス姿の女性が右手は金貨にかけ、左手にインコを乗せています。自由に羽ばたけるインコは自ら彼女の手に留まっています。この場所が心地良いのです。

Check①
ブドウの垣根の内にいる、女とインコ。インコは籠の外なのに飛んでいかない。
▶ 自由に羽ばたくことができるけれど、ここが豊かなので留まっている。

Check②
女はドレスの裾を引きずり、金貨に手をかける。
▶ 女性の優美さを際立たせ、財を得ることを意味している。

ここがポイント
インコは、彼女自身を示しています。安全で豊かな場所に留まっていますが、それがなくなれば豊かなところに飛んでいきます。

第Ⅱ章　小アルカナを読み解く鍵

リーディングのコツ

恋愛なら
正：玉の輿。婚約。愛される幸せ。経済的に安定した結婚生活。
逆：愛人。愛情を失う。金の切れ目が縁の切れ目。誘惑する。

仕事なら
正：後援者を得る。女性実業家。美容関係。女性的感性を活かす。
逆：楽で儲かる仕事を考える。色気を武器とする。公私混同。

その他なら
正：才色兼備。女性の自立。女性的な発想。繁栄。支援者。
逆：お金に関する陰謀。スポンサーを失う。富に執着。即物的。

ワンモアアドバイス
このカードの左下には、カタツムリが描かれています。家を持って移動することから、（交際に伴う）引っ越しを意味する場合もあります。

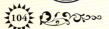

金貨（ペンタクルス）の10
家族や家の繁栄

- 金貨（地）＝物質・継続
- 10＝終わり・次世代

正位置×逆位置キーワード

正：経済の安定／子孫繁栄／伝統／名家
逆：古いしきたり／家の没落／家庭の問題／遺産の喪失

大きなお屋敷の離れで、立派な衣装をまとった老人が、若い夫婦と子供を見る姿が描かれています。門の壁には、歴戦の勇士を象徴するように旗が飾られています。2匹の犬も美しく、主人への忠誠を示しています。

Check①
大きな屋敷に集う家族三世代の姿が描かれて、奥にも屋敷が建っている。
▶ 大きな家や旧家を意味し、一族の栄光と繁栄を象徴している。

Check②
飾られた建物の中、ブドウが描かれた椅子に座る立派な衣装の老人。
▶ 老人や先祖が成した富や成功により、一族の地位が安定してる。

ここがポイント
金貨の配置は、物質界（アッシャー界）の生命の木を象徴（P53参照）。神のエネルギーが地上に到達して、地上は繁栄し豊かになります。

リーディングのコツ

恋愛なら
正：家族に認められた交際。名家に嫁ぐ。結婚により繁栄する。
逆：結婚を反対される。先方の家になじめない。政略結婚。

仕事なら
正：家業を継ぐ。伝統的な仕事。仕事の世代交代。資産管理。
逆：後継者問題。古いやり方を刷新する必要性。将来の不安。

その他なら
正：伝統の継承。家族の集い。財産の相続。礼節。物質的安定。
逆：伝統に縛られる。財産を食い潰す。家庭内の問題。世襲。

ワンモアアドバイス
各スートの「9」の意味は「10」に続き、「10」で完結しています。「9」は主に個人的な事柄を示し、「10」では次のステップが示唆されています。

第Ⅱ章　小アルカナを読み解く鍵

金貨のペイジ
（ペンタクルス）
目標を掲げて努力する

金貨（地）＝物質・継続 ／ **ペイジ＝純粋・従順・学生**

正位置×逆位置キーワード
- 正：憧れ／勤勉さ／向上心／真面目さ
- 逆：現金な態度／怠慢／準備不足／非現実的考え

　穏やかに開けた草原に立つ少年は、未来の夢を象る金貨を掲げて見入っています。彼は目標を掲げて、自分の夢を実現するために努力し、行動します。少年の明るい未来を象徴するように、背景は黄色い光に満ちています。

Check①
少年は、掲げる金貨を見て微笑んでいる。
→ 金貨は、少年の夢や目標を表し、それを掲げていることを示す。

Check②
なだらかな山の見える丘陵地に、草原が広がる土地。
→ 障害の少ない、穏やかで安定した少年の立場や状況を示している。

ここがポイント
［ペイジ］は生命の木で物質界（アッシャー界）に対応し、［金貨］は地を示します。［金貨ペイジ］は物質界での具体的活動を表します。

第Ⅱ章　小アルカナを読み解く鍵

リーディングのコツ

恋愛なら
- 正：恋への憧れ。好きな人を思っている。片思い。デートの計画。
- 逆：進展しない恋。デート代に困る。恋人に見栄を張る。恋に奥手。

仕事なら
- 正：仕事に対する夢や目標を持つ。上司の指示に従い仕事する。
- 逆：利益が少なくやる気が出ない。指示に従わない部下。怠ける。

その他なら
- 正：興味を持つ。好奇心で動く。勉強家。努力。準備。計画する。
- 逆：地に足が着かない。夢を持っているが努力しない。経験不足。

ワンモアアドバイス
［金貨ペイジ］と［金貨4］は共に、物質世界における活動を示します。［金貨ペイジ］の方が、具体的な行動や地道な活動の継続を示します。

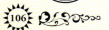

金貨(ペンタクルス)のナイト
真価を見据える

金貨(地)＝物質・継続	ナイト＝行動力・状況判断
正 資産運用 / 堅実な判断 現状維持 / 実利優先	逆 鈍重 / 停滞 消極的 / 鈍感

正位置×逆位置キーワード

　金貨を持った騎士が、黒い馬に乗って前方を見据え、立ち止まっています。彼の背後の土地は耕されていますが、まだ何も植えられていません。彼はこれからどのように行動するかを考え、堅実な判断をしようとしています。

Check①
畑を背後に、騎士は見晴らしの良い場所に馬を止め、前方を見ている。
▶ 安定した視点からこの先の未来の展望を立て、運用について考える。

Check②
黒い馬に乗っているが、馬はじっと止まっている。
▶ 揺るがない強さを示す馬が留まっていることから、堅実さを意味する。

ここがポイント
[金貨]のほかの宮廷札の人物と違い、ナイトの視線は前方に向けられています。現状から未来に向かう現実的な視点を意味します。

リーディングのコツ

恋愛なら
- 正 真面目で働き者の彼。現実的に結婚について考える。片思い。
- 逆 恋を進める勇気がない。見た目の悪い男性。面白くないデート。

仕事なら
- 正 信頼できるニュース。金融関係。製造業。ひとつの場所で働く。
- 逆 自分で判断できない。単調な仕事。やりがいより収入。

その他なら
- 正 資産運用。辛抱強い。責任感。堅実に進める。現実主義。
- 逆 気が利かない。真面目すぎる。センスのなさ。不器用。

ワンモアアドバイス
ほかのナイトの兜は美しい羽根飾り付ですが、[金貨ナイト]の騎士の兜と馬の頭には草が飾られており、センスのない男性を意味します。

第Ⅱ章 小アルカナを読み解く鍵

金貨のクィーン
（ペンタクルス）
経済的安定を維持する

金貨（地）＝物質・継続　　**クィーン＝受容的・女性性**

正位置×逆位置キーワード
- 正: 妊婦／安らぎ／自然派／堅実さ
- 逆: 猜疑心／保身／閉鎖的な思考／世間知らず

自然豊かな森の中で、王座に座る金貨の女王。王座には果実が描かれ、肘掛けには山羊が彫刻されています。彼女は膝の上に金貨を乗せて、宝物を抱くように大切に見つめています。ツルバラが、彼女を守るように取り囲んでいます。

第Ⅱ章　小アルカナを読み解く鍵

Check①
女王の椅子の肘掛けには山羊が、背もたれには果実が彫刻されている。
▶ 山羊は地のエネルギーを示し、果実は実りや豊かさを示している。

Check②
山に囲まれた自然豊かな森にいる女王。右隅にはウサギが飛び跳ねる。
▶ 大地の豊かさは母なる大地を象徴し、ウサギは多産の象徴。

ここがポイント
自然の中で、バラに囲まれて守られていることから、大切に守られている女性を意味します。深窓の令嬢や妊婦を示します。

リーディングのコツ

恋愛なら
- 正: 包容力のある女性。安らげるつき合い。将来の安定した交際。
- 逆: シャイで気持ちを伝えられない。形式的な結婚。打算的な交際。

仕事なら
- 正: 生活に関する仕事。動植物や自然に関わる仕事。不労所得。
- 逆: 目先の利益優先。損失を嫌い、挑戦しない。消極的ビジネス。

その他なら
- 正: 安全。リラックス。専業主婦。思慮深さ。愛情豊か。エコロジー。
- 逆: 子育ての悩み。虚栄心。お金に執着。無関心。生活圏から出ない。

ワンモアアドバイス
〔金貨クィーン〕は、妊婦や幼い子供を持つ母を象徴し、母性的な優しさを示します。逆位置は、女性としての自信が持てないことを示します。

金貨（ペンタクルス）の キング
所有することによる自信

金貨（地）＝物質・継続	キング＝責任・自信・誇り

正位置キーワード
- 正：物質的充実／信頼／富の所有／結果を出す力

逆位置キーワード
- 逆：金権主義／物質的執着／強情／沽券が下がる

豊かさを象徴する牡牛の彫刻が施された王座に、金貨の王が座っています。ブドウの柄の豪華な服は、側に生い茂る植物と一体化しているようです。彼は左手で金貨を押さえ、左足には大地の精霊である獣を押さえつけています。

Check①
王は富を示すブドウの模様の服をまとい、庭にもブドウが実っている。
▶ 彼の内側も外側も、豊かさで満ちている。溢れるほどの資産を象徴。

Check②
王の背後、城壁の向こうに、高い塔のある建物が見える。
▶ 土地や不動産の所有を象徴し、土地の権力者を意味している。

ここがポイント
王は、卓越したビジネスセンスと自信に満ちた社会的・金銭的成功者。逆位置では、お金の力で何事も動かすエゴイストを示します。

第Ⅱ章　小アルカナを読み解く鍵

リーディングのコツ

恋愛なら
- 正：経済的に安定し信頼できる人。結婚前提の交際。頼れる彼。
- 逆：女性を支配しようとする男性。意地を張って関係が壊れる。

仕事なら
- 正：信頼され任される。不動産業。実権を所有。成功。経営者。
- 逆：利益のためには手段を選ばない。利益独占。裏金。汚職。

その他なら
- 正：政治家。安定と自信。経済的な豊かさ。広い人脈。資産家。
- 逆：お金しか信じない。責任逃れ。頑固。信頼を失う。力の衰え。

ワンモアアドバイス
［金貨］の宮廷札の背景色はすべて黄色で、実りの色を象徴しています。［金貨キング］は、豊かな物質界の成功者であり支配者です。

第Ⅲ章
読み方のコツをマスターする リーディングレッスン

　実占のスプレッドでは、カードの展開によって意味がどのように応用されるのでしょうか。読解力を深めるために最も役に立つ、7つのスプレッドを紹介します。リーディング力を高める、最も近道で合理的なコツを身につけましょう。

✣　占いを成功に導くための準備　✣

▶占う前に道具を整えます。
カードを展開する場所に敷く、タロット占い用のクロスを用意しましょう。麻や絹などの天然素材で、滑りのよいものを選びましょう。

▶タロットカードは事前にチューニングしておきます。
カードを購入したときは、すべてのカードに触れて、並べて目を通し、自分がマスターだと伝えます。それ以降は、すべてのカードを見て、触れるだけでも大丈夫です。

▶占いの終了後は、カードを聖なるものとして大切に保管します。
水晶やホワイトセージなどを使い、カードを浄化してから、タロットボックスやポーチなどに入れ保管します。保管場所は、家の中で最も神聖な場所か、むやみに他人に触れられない場所がよいでしょう。

的中率を上げる７つのプロセス

①地の浄化
お香などを使って空間を浄化、占う場のエネルギーを整えます。

▼

②水の浄化
カードに触れる前には手を洗い、水で自らの感情を清めます。

▼

③風による浄化
呼吸を整え静かに目を閉じて瞑想し、呼吸と共に想念を手放します。

▼

④火の浄化
キャンドルを灯し（イメージでもOK）、未だ残るエゴを炎で燃やします。

浄化と瞑想が終わったら、タロットカードを軽く叩き、占いを始めます。

⑤占目を宣言する
占目を明確にし、自分自身（相談者）と神に向かって宣言します。

▼

⑥心を無にしてシャッフル＆レイアウト
カードを右回りにシャッフルします。ひとつにまとめてリズミカルにカットし、心とカードを整えて場の中央に置きます。カードの山（パイル）を左手で２つに分けます（相手占いの場合は、相談者も２つに分け、占者は相談者の視点になるようカードを反転）。カードの向きが変わらないようにオープンし、レイアウトします。

▼

⑦占い終了時は、シャッフルで浄化
すべてのカードを伏せて左回りにシャッフルし、カードに残るエネルギーを浄化してから、ひとつにまとめます。

※『もっと本格的に人を占う！究極のタロット 新版』『本格的に占うタロット 基本の扱い方』吉田ルナ・片岡れいこ（メイツ出版）で詳しく解説しています。

LESSON 1
カードの三要素の特性を読み分ける

サイコロジースプレッドで天命を知る

78枚すべてのタロットカードを使って占うとき、**大アルカナ**、**宮廷札**、**数札**は、それぞれ違う要素を表します。ここではサイコロジースプレッドを通して、カードが示す3つの要素を知ると共に、**宮廷札**の性質について詳しく学びます。

占目「深層心理から天命を知る」

あなたに天命や宿命があるのなら、それは何でしょうか？ これからの人生、どう生きていけばよいか、人生のテーマを知り、自分の可能性を引き出します。

サイコロジースプレッド・展開例

始めに大アルカナ22枚、宮廷札16枚、数札40枚の3つのパイルを作り、各パイルごとにシャッフル（P111 ⑥）して、1枚ずつオープンします。

数札から1枚
→

①顕在意識
［杖3・逆］

Check①
数札には主に生活シーンが描かれ、事象的なことを意味する。具体的な出来事や行動レベルを表している。

宮廷札から1枚
→

②無意識
［金貨ナイト］

Check②
宮廷札には役割や立場を示す人物が描かれ、個性の特徴を意味している。対象人物の人格や性質を示している。

大アルカナから1枚
→

③潜在意識
［吊られた男］

Check③
大アルカナは、集合無意識にあるアーキタイプ（元型）を示している。魂の持つ性質を示すカードとして考える。

第Ⅲ章 ― 読み方のコツをマスターするリーディングレッスン

このレッスンのねらい

大アルカナ、宮廷札、数札の示すテーマへの理解を助けます。また、事前にカードを分けて占うという使い方を学びます。

このスプレッドで分かること

今の自分を知りたいときに、シンプルに、自分のなすべきことや個性の活かし方、潜在する才能や可能性を知ることができます。

ポジションごとのカードの意味を読む

▶ ①顕在意識［杖3・逆］
表に出た意識の上では、相談者は今の自分とは違う可能性を見出したいと思っている。

▶ ②無意識［金貨ナイト］
相談者を特徴づける人格的な性質は、実際に役に立つ堅実な行動を取る性格である。

▶ ③潜在意識［吊られた男］
深層心理は、誰かのために何か役に立つことをして、人生に価値を見出そうとしている。

＋α プラスアルファ

一般的なスプレッドにおいて、宮廷札から読み取る意味は、主に3つに分類できます。

1. 占い対象者自身の個性を象徴する場合。
2. 対象者が関わる人物について示す場合。
3. 宮廷札の個性から生じる意味や事柄を表す場合。

また、宮廷札が数多く出た場合は、自分の中にあるさまざまな個性が葛藤を起こしていることを示します。

リーディングのコツ

物語を作るように読み、物語からメッセージを受け取ろう

相談者の現状［杖3・逆］は、人生へ展望を立てつつも、何をすればいいか分からず現状に留まっている状態。潜在意識［吊られた男］は慈愛とひらめきを暗示し、相談者の性格［金貨ナイト］は計画性のある堅実な人物であることを示すため、ボランティアなどの実際的な活動を通して天命を知り何をすべきか分かる、と読めます。

ここがポイント

天命とは、天の導きと自分の意志が一致するときに明確になります。占いで天命を探ることは可能ですが、受動的に得られるものではなく、覚悟を持って生きることを決めた人こそが得られると心に留めておいてください。

ワンモアアドバイス

宮廷札は、占う前に象徴カードとして使うことがあります。質問者と占う対象者が違う場合に取り出し、占う対象者と見立てて占います。

第Ⅲ章　読み方のコツをマスターするリーディングレッスン

LESSON 2
大アルカナをポイントに運命を読み解く

クロススプレッドで相性を占う

霊的な成長や魂が成長するための課題を示す大アルカナは、運命的な事柄を示します。どんなスプレッドにおいても、大アルカナがどのポジションに出るかが重要です。ここではクロススプレッドを用い、リーディングのポイントを学びます。

占目「2人の運命を知る恋占い」

相談者A子さん（24歳 会社員）と、交際3ヵ月の彼（23歳 会社員）の運命を知るために、お互いの気持ちと2人の未来を占います。

クロススプレッド・展開例

78枚すべてのカードを使い、シャッフル（P111⑥）して、番号順にレイアウトします。

②相談者の気持ち
[戦車]

④過去
[聖杯3・逆]

①現在
[杖8]

⑤未来
[太陽]

③相手の気持ち
[杖クィーン]

Check①
相性占いではない場合、②は強く意識していること、③は潜在する可能性を示す。

Check②
大アルカナが出ている②相談者の気持ちと、⑤未来のポジションが、リーディングのポイントとなる。

第Ⅲ章 読み方のコツをマスターするリーディングレッスン

このレッスンのねらい

運命は、心が作っています。大アルカナの出現率や出現したポジションによって、鍵になるポイントを知ることができます。

このスプレッドで分かること

過去から現在、未来へと続く運命の流れと、お互いの気持ちを示すスプレッド。相性や恋愛の展開を読み取ることができます。

ポジションごとのカードの意味を読む

▶ ①現在 ［杖8］
大きな変化がなく、成り行き任せで交際が進む。つき合っているから交際が続く状態。

▶ ②相談者の気持ち ［戦車］
積極的に恋を楽しみたいし、情熱を持っている。交際のさらなる進展を望んでいる。

▶ ③相手の気持ち ［杖クィーン］
彼は相談者のことを、魅力的で明るい人柄で、前向きな性格だと思っている。

▶ ④過去 ［聖杯3・逆］
真剣な交際というより、恋を楽しみたいという享楽的な気持ちで交際していた。

▶ ⑤未来 ［太陽］
楽しい交際が続く。2人が結婚を意識したり、将来、結婚に進展する可能性あり。

プラスアルファ

通常、大アルカナの出現率は1/3くらい。大アルカナの出現率が高いほど、運命的な事柄を握っています。この占いは、相談者の意志が未来に繋がる鍵と読めます。

リーディングのコツ

大筋は大アルカナで読み、他のカードでリーディングを補足する

②相談者の気持ち［戦車］や③相手の気持ち［杖クィーン］からこの恋愛は女性がリードしていることが、④過去［聖杯3・逆］から交際は気軽な気持ちで始まったかもしれないが惹かれ合っていることが分かります。⑤未来［太陽］は結婚や妊娠と読むことも。全体的に明るい色彩のカードが多いことから、楽しい交際を暗示します。

ここがポイント

②相談者の気持ち［戦車］は理想の男性を、③相手の気持ち［杖クィーン］は魅力的な女性を示しています。お互い相手に惹かれ合っていることから、⑤未来［太陽］2人が結ばれるという、幸せな結論に至ると読みます。

ワンモアアドバイス

大アルカナの示す霊的成長とは、人生のテーマや天命に気づき、安心して生き、人生を楽しみ、人類に貢献する意識を作ることです。

第Ⅲ章　読み方のコツをマスターするリーディングレッスン

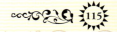

LESSON 3 小アルカナで具体的な詳細を明らかにする

セブンスプレッドで仕事運を見る

小アルカナは、出来事の具体的な事柄や事象を示します。セブンスプレッドを含め、多くのスプレッドでは通常は78枚すべてのカードを使用しますが、具体的な事柄や実際的な行動を知りたい場合は小アルカナのみの占いが有効です。

占目「人間関係を中心に仕事運を占う」

人間関係がうまくいかないB美さん（37歳 会社員）。どうしたら人間関係が改善され円満に働けるのか、仕事運を占います。

セブンスプレッド・展開例

小アルカナ56枚のみを使い、シャッフル（P111 ⑥）して、番号順にレイアウトします。

① 過去・原因 ［杖6・逆］
② 現在 ［聖杯9・逆］
③ 近い未来 ［金貨1・逆］
④ 環境 ［剣9・逆］
⑤ 本心 ［聖杯キング・逆］
⑥ 障害・対策 ［剣2］
⑦ 結果 ［剣5・逆］

Check① スートごとに、示されるメッセージがあるので、どのスートが多く、どのスートが少ないかチェックしよう。

Check② 逆位置のポジションは、そこが停滞していることを意味する。逆位置が多い占いは、ためらいや足踏み状態を示す。

第Ⅲ章　読み方のコツをマスターするリーディングレッスン

このレッスンのねらい

小アルカナは事象を示しているため、占目によっては読みづらい場合もあります。スートの質から読み取る方法を学びましょう。

このスプレッドで分かること

セブンスプレッドでは、原因と結果という視点で物事を客観的に知ることができます。対処法も読み取れる万能スプレッドです。

ポジションごとのカードの意味を読み、スートのバランスをチェックする

 ▶ ①過去・原因［杖6・逆］
周りの人と共に成功した仕事を、自分の力で成功したと思っている。

 ▶ ②現在［聖杯9・逆］
自分は仕事ができるという独りよがりな思いが孤立させている。

 ▶ ③近い未来［金貨1・逆］
ひとつにまとまるチャンスあり／新しい仕事を考えると読める。

 ▶ ④環境［剣9・逆］
人間関係に悩み、希望を見出せないので、転職を考える。

 ▶ ⑤本心［聖杯キング・逆］
繊細な心や豊かな感性を理解してもらえないと思っている。

 ▶ ⑥障害・対策［剣2］
障害は心を閉ざしていること。自分を客観的に見る必要が。

 ▶ ⑦結果［剣5・逆］
犠牲者意識を持っている限り、人間関係は改善されない。

+α プラスアルファ

［杖］は意欲や活動、［聖杯］は情緒的な事柄や満足、［剣］は理性や意志や社会性、［金貨］は安定や継続を示します。全体的なスートをチェックしてみると、［杖］1枚、［聖杯］2枚、［剣］3枚、［金貨］1枚のバランスで出ており、［剣］優勢なのが分かります。

リーディングのコツ

原因を知って、望まない未来を変える対策を読み取ろう

原因は、成功の独占［杖6・逆］と自惚れによる孤立［聖杯9・逆］［聖杯キング・逆］。冷静に現状を見て心を開く勇気を持つこと［剣2］。被害者意識は禁物です［剣5・逆］。

ここがポイント

逆位置が多く、人間関係の改善は簡単ではないことを表しています。［剣］のスートが多いので、冷静な判断やコミュニケーションの仕方、自分の意志の示し方によって、問題解決することができる可能性を示唆しています。

ワンモアアドバイス

逆位置の多い占いは、すべてのカードの正逆を入れ替える場合があります。気持ちを切り替え、自らの意思で未来を変えることを示します。

第Ⅲ章　読み方のコツをマスターするリーディングレッスン

LESSON 4 占星術とカードの対応を使いリーディングを深める

ホロスコープスプレッドで一年の運勢を知る

　ホロスコープスプレッドは、古代の叡智である占星術の理論をタロット占いに導入したものです。ホロスコープスプレッドを使って、占星術とタロットの関係性を知ることで、カードのリーディングをさらに深めることができます。

> **占目「一年の運勢を占う」**
> C奈さん（18歳 乙女座）の今年の運勢を占います。
> （占う時点からの一年を占うこともできます）

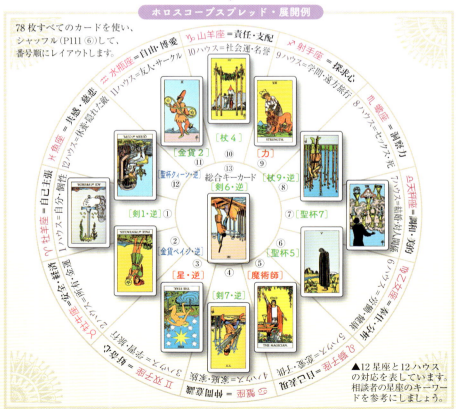

ホロスコープスプレッド・展開例

▲12星座と12ハウスの対応を表しています。相談者の星座のキーワードを参考にしましょう。

第Ⅲ章　読み方のコツをマスターするリーディングレッスン

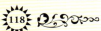

このレッスンのねらい

占星術の知識を持つことで、インスピレーションを高め、リーディングの幅を広げます。また、相談者にとって特別に重要なカードが分かります。

このスプレッドで分かること

全体運や占う内容が多岐に渡るときなどは、ホロスコープスプレッドで、運勢全般や、仕事や恋愛などの運の関連性を占うことができます。

＋α プラスアルファ

相談者の星座を知ることで、特に重要な2枚の大アルカナとスートが分かる

▼12星座と［10天体］に対応する大アルカナ

牡羊座［♂火星］	牡牛座［♀金星］	双子座［☿水星］	蟹座［☽月］
皇帝 塔	法王 女帝	恋人たち 魔術師	戦車 女司祭長

獅子座［☉太陽］	乙女座［☿水星］	天秤座［♀金星］	蠍座［♇冥王星］
力 太陽	隠者 魔術師	正義 女帝	死神 審判

射手座［♃木星］	山羊座［♄土星］	水瓶座［♅天王星］	魚座［♆海王星］
節制 運命の輪	悪魔 世界	星 愚者	月 吊られた男

▼12星座に対応する小アルカナのスート

火象星座	地象星座	風象星座	水象星座
牡羊座 杖 獅子座 射手座	牡牛座 金貨 乙女座 山羊座	双子座 剣 天秤座 水瓶座	蟹座 聖杯 蠍座 魚座
〈情熱的・直感的・直情的〉	〈安定的・実利的・経済的〉	〈知的・社交的・論理的〉	〈情緒的・感情的・霊的〉

リーディングのコツ

キーカードと1ハウス、大アルカナが出たポジションから読み解く。

何かを始めたいがそれが分からない気持ちが、［剣1・逆］に出ています。キーカード［剣6・逆］も、進む先が分かりません。相談者（乙女座）の特に重要な大アルカナ［魔術師］が5ハウスにあることから、新しい恋が可能性を引き出す鍵になりそうです。

ここがポイント

占星術と組み合わせると、相談者は乙女座（地象星座）なので、対応するカードは［隠者］［魔術師］と［金貨］のスート。この場合、［魔術師］5ハウス、［金貨ペイジ・逆］2ハウス、［金貨2］11ハウスに注目しましょう。

第Ⅲ章　読み方のコツをマスターするリーディングレッスン

119

LESSON 5

秘教「カバラ」を知りスピリチュアルな占いをする

生命の木スプレッドで魂の成長を知る

神秘的なタロットカードは、ユダヤ教の秘教カバラの思想を背景としています。カバラの生命の木を学ぶことで、あなたのタロット占いは深い叡智とつながり、神聖なメッセージをもたらすでしょう。ここでは、生命の木スプレッドをマスターします。

占目「仕事が成功し、社会貢献するには」

D男さん（42歳 男性 自営業）の新しく開発した商品は、社会に浸透して喜ばれる結果を生むのか？ 仕事の発展について占います。

生命の木スプレッド・展開例

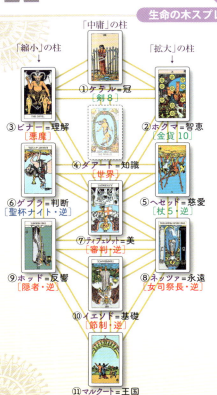

78枚すべてのカードを使い、シャッフル（P111⑥）して、番号順にレイアウトします。

① 神性とつながるには
② もたらされるインスピレーション
③ 社会や人生への理解を深めるには
④ 神秘体験（伏せたままでレイアウト）
⑤ 慈善や許しについて
⑥ より良い生き方のための決断とは
⑦ 自己の本質＝「美しい質」を引き出すには
⑧ 情熱について
⑨ 学習とルーティンワークで学ぶこと
⑩ 生活について
⑪ 肉体もしくは、場所や環境について

Check①
生命の木の中心「ティフェレット＝美」には、8つのパスがある。道を開く鍵は、⑦［審判・逆］揺るがぬ決意と覚悟。

Check②
大アルカナが、中央「中庸」の柱に3枚、右「拡大」の柱に1枚、左「縮小」の柱に2枚。柱のバランスを見よう。

第Ⅲ章　読み方のコツをマスターするリーディングレッスン

このレッスンのねらい

生命の木は、神から流出したエネルギーがこの世に顕現するプロセスを示し、神聖でスピリチュアルなタロット占いを可能にします。

このスプレッドで分かること

自らに宿る可能性と神性に気づくことができます。さらに、自分を活かすポジティブなメッセージを得ることができます。

＋α プラスアルファ

生命の木とタロットの多様な関わりを知り、カードの理解やリーディングにつなげよう

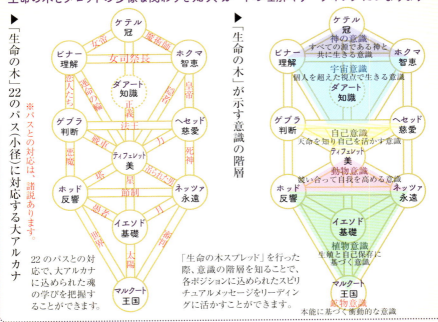

▶「生命の木」22のパス（小径）に対応する大アルカナ
※パスとの対応は、諸説あります。
22のパスとの対応で、大アルカナに込められた魂の学びを把握することができます。

▶「生命の木」が示す意識の階層
「生命の木スプレッド」を行った際、意識の階層を知ることで、各ポジションに込められたスピリチュアルメッセージをリーディングに活かすことができます。

リーディングのコツ
大アルカナの集まる中央の柱を軸に、意識の階層を読む

④[世界]成功体験が相談者を支えています。⑦⑧⑨動物意識は勉強すれば自信が高まり、①[剣8]不安を解消するには⑦[審判・逆]成功への決意が必要と告げています。⑩[聖杯10]からも成功の暗示あり。③[悪魔]新商品に対する否定的意見の理解も大切。

ここがポイント
動物意識は大アルカナで構成されており、他者より良いものを作ろうとする意識の強さを示します。このスプレッドは、ポジティブにリーディングすること。

LESSON 6
1日のメッセージを知る 大アルカナのワンオラクル占い

大アルカナのキーワード一覧表

番号	名称	正位置		逆位置	
I	魔術師	始まり / 有機的	創造性 / 器用	遅い展開 / 狡猾さ	嘘 / 知識不足
II	女司祭長	神秘 / 二元性	受動性 / 学問	潔癖 / 神経質	繊細 / 俗世離れ
III	女帝	豊かさ / 繁栄	母性 / 美的表現	わがまま / 愛着	怠惰 / 贅沢
IV	皇帝	地位 / 自信	権力 / 父性	権威的 / 栄枯盛衰	虚勢 / 老化
V	法王	伝導 / 結束	援助 / 儀式	即物的 / 分散	尊敬できない / 不信
VI	恋人たち	コミュニケーション / 若さ	選択 / パートナーシップ	未熟 / 軽率	優柔不断 / 離別
VII	戦車	前進 / 挑戦	勝利 / 自立	失敗 / 後退	大敗 / 暴走
VIII	力	意志力 / 受容力	コントロール / 克服	制御できない / 意志が弱い	(恐怖に)負ける / 無気力
IX	隠者	真理の探求 / 内向的	非社会的 / 精神性	疎外感 / 孤独	厭世観 / 隠れる
X	運命の輪	好機 / 展開	サイクル / 許可	不運期 / 遅れる	タイミングが悪い / 因果応報
XI	正義	真実 / 秩序	公正 / 人間関係	アンバランス / 両立不可	公私混同 / 板挟み

第III章 読み方のコツをマスターするリーディングレッスン

その日のオラクルを得たいときは、毎日1枚引きすることをおすすめします。その日1日のメッセージや気づきを与えてくれるでしょう。また、繰り返し引くことでカードの早覚えにつながります。この占いは、1週間や1カ月、1年間にも応用できますよ。

カード	正		逆	
XII 吊られた男	試練 / 見方を変える	奉仕 / ひらめき	忍耐 / 妄想	我慢の限界 / 自己犠牲的
XIII 死神	終末 / 衰弱	変容 / 潮時	終止 / 違う世界	移行 / 縁が切れる
XIV 節制	自然 / 浄化	純粋さ / 環境	不調和 / 隙のなさ	不浄 / 非客観性
XV 悪魔	囚われる / 堕落	欲望 / 苦悩	無駄な努力 / 破滅への道	悪化 / 依存症
XVI 塔	破壊 / ショック	アクシデント / 性的刺激	事故処理 / 権威の失墜	組織の破綻 / スキャンダル
XVII 星	希望 / アイデア	願望実現 / 恵み	理想が高い / 無駄が多い	博愛 / 目標設定
XVIII 月	不安 / 霊感	迷い / 曖昧さ	不安の解消 / 隠れた敵	潜在意識 / 本能
XIX 太陽	生命力 / 満足	成功 / 自己表現	自己中心的 / 大胆	エネルギーのロス / 子供っぽい
XX 審判	最終判断 / 覚醒	復活 / 覚悟	最終決定 / 叶わない希望	未完で終わる / 表現の欠如
XXI 世界	完成 / 統合	ハッピーエンド / 円満	未完成 / 不完全	努力の余地 / 不満
0 愚者	自由 / 「0」	未経験 / 非凡	無知 / 無計画	愚かさを知る / 平凡

第Ⅲ章　読み方のコツをマスターするリーディングレッスン

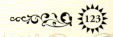

LESSON 7
気になる出来事を知るには 小アルカナのワンオラクル占い

小アルカナのキーワード一覧表

	杖（ワンド） 正	杖（ワンド） 逆	聖杯（カップ） 正	聖杯（カップ） 逆
1	スタート　新しい発想 権力　活力	方向性なし　力不足 力の乱用　世代交代	愛の始まり　豊かな感情 受容する　満たされる	愛への不安　情緒不安定 流される　溺愛
2	野心　グローバル 二者択一　社会的名誉	顧みない　孤独 分離　仕事の犠牲	通じ合う　友好関係 統合する　誓いの契約	不仲　契約不成立 受容し難い　感情の相違
3	発展する　大志を抱く 未来志向　開ける展望	後援　支持を得る 遠方に憧れ　留まる	結果を祝う　円満な関係 繁栄　芸能	節度がない　快楽的 悪い仲間　ミーハー
4	招待　祝福 門出　装飾する	歓迎されない　生活の悩み 装飾過剰　入りにくい	考えるとき　倦怠 欲求不満　ひとりになる	肯定的思考　新しい発想 援助がある　瞑想
5	競争　力の融合 生存競争　十人十色	一時休戦　敵が友に 意見の相違　烏合の衆	覆水盆に返らず　喪失感 寂しさ　自己憐憫	可能性の発見　5分の2 省みる　可能性
6	前進する　勝利 凱旋　栄光	敗北　前進を阻む 負けを恐れる　賛同なし	約束　子供 幸せな記憶　プレゼント	自己成長　子供っぽい 温故知新　つらい思い出
7	勝ち続ける　優位な立場 一人勝ち　応戦する	孤独な戦い　差別化 圧倒される　競争激化	我を失う　神秘的 夢想的　精神不安定	聡明なビジョン　夢から覚める 霊的メッセージ　現実を受容
8	時間の流れ　スピード 次々繰り出す　手から離れる	渋滞　遅延 ゆっくり動く　過ぎたこと	興味が移る　挫折 放棄　心残り	現実を見る　やり直す 考え直す　興味の復興
9	臨戦態勢　準備万端 用意周到　様子を窺う	不意の失地　準備不足 出遅れる　被害者意識	仕事の成功　自信満々 人生の充実　願望成就	成功への努力　傲慢さ （物質的）強欲　自惚れ
10	負担　目的遂行 余裕のなさ　限度	手放し　諦める 断念　疲労	家族の幸せ　未来への夢 理想を描く　夢を叶える	高い理想　届かない夢 飽和状態　虚飾の幸せ
ペイジ	メッセンジャー　活発な子供 素直さ　人気者	衝動的発想　目立ちたがり 乱暴な子供　未熟者	美しい子供　発想 提案　想像力豊か	妄想　虚言 多感すぎる　優柔不断
ナイト	飛躍する　交渉 移動　伊達	短気　威嚇する ひるむ　衝動的	誠実さ　接近する 紳士的　美男	多情　下心 誘惑　不道徳
クィーン	母親　魅力的な女性 生活の充実　親切	女王気取り　過干渉 責任転嫁　魅力がない	未婚の女性　強い感受性 思いやり　内向性	排他的　繊細すぎる 閉鎖的　依存的
キング	父親　カリスマ的 実業家　誇りを持つ	ワンマン社長　自己顕示欲 封建的　高慢な誇り	寛大さ　師匠 豊かな情緒　芸術的感性	不正　偽善 感情の暴走　自信喪失

第Ⅲ章 ── 読み方のコツをマスターするリーディングレッスン

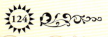

小アルカナのみのワンオラクルは、具体的なことを知りたいときにおすすめです。どんな行動を取ったらいいのか、今日起こる出来事はどんなことか？いつもカードを持ち歩いて、友人へのアドバイスにも役立てましょう。また、78枚の全カードを使うことで、運命的で特別な日が分かります。

	剣（ソード）		金貨（ペンタクルス）	
	正	逆	正	逆
1	絶対的判断　意志の力 勝利の栄光　創造の知恵	破壊と創造　つらい決断 独善的　断ち切る	具体化する　充実 成果　所有する	金銭的要素　形にこだわる 不十分　未完成
2	バランス　静寂 心眼で見る　感受性	繊細さ　盲目的 閉鎖的　不安	変化　交流 繰り返し　日課	不安定　浮き沈み 娯楽　疎通できない
3	不和　分裂 心を貫く思い　傷心	分ける　別れ 破綻　理不尽	協働の成功　組織 建設的　名誉	結束力不足　組織の問題 技術不足　不敬
4	休養　思考の休止 癒し　小休止	暇　休めない 動きがない　回復の兆し	富の保有　保守する 信念がある　不動心	執着　独り占め 頑固　偏見
5	横暴な手段　狡猾さ 情勢不安　空虚な勝利	裏切り　敗北 犠牲者意識　悪徳	貧困　路頭に迷う パートナー　当てがない	救済の希求　協力者を失う 孤立　失望
6	平穏な出発　最先端技術 母子　導かれる	出発の遅延　前進しない 未来の不安　非力な協力者	慈善　契約成立 恵みの付与　商取引	不平等　雇用の問題 偽善　不調和
7	矛盾　知識の習得 姑息な手段　混乱	問題の解決　相談 正しい方向性　ユーモア	仕事の不満　成果なし 望まぬ結果　悩み	きつい仕事　工夫が必要 間引く　面白味がない
8	忍耐力　身動き不可 試練の受任　不動心	解放される　束縛が緩む 困難を克服　回復	技術の向上　継続する 努力　物づくり	未熟な技術　繰り返す 飽きる　惰性
9	絶望　喪失感 孤独感　闘病生活	希望を見出す　感謝する 床に伏す　終末思考	幸せな結婚　華やかさ 豊かな暮らし　女性の成功	愛よりお金　打算的 パトロン　贅沢
10	長い苦痛　終わり つらい状況　衰弱	新しい可能性　良い前兆 苦難から解放　一時的好転	経済の安定　子孫繁栄 伝統　名家	古いしきたり　家の没落 家庭の問題　遺産の喪失
ペイジ	練習　情報の選別 利口な子供　鍛える	疑心暗鬼　軽率 反抗的な子供　頭でっかち	憧れ　勤勉さ 向上心　真面目さ	現金な態度　怠慢 準備不足　非現実的考え
ナイト	任務遂行　勇敢さ 挑戦　使命感	強引さ　少ない勝算 無謀な挑戦　間違った信念	資産運用　堅実な判断 現状維持　実利優先	鈍重　停滞 消極的　鈍感
クィーン	社交性　理解力 キャリアウーマン　知的な女性	女性の悲哀　離婚した女性 了見の狭さ　偏見	妊婦　安らぎ 自然派　堅実さ	猜疑心　保身 閉鎖的な思考　世間知らず
キング	裁判官　創造的な思考 理性的　鋭い判断力	独裁者　独善的 無慈悲　残酷な判断	物質的充実　信頼 富の所有　結果を出す力	金権主義　物質的な執着 強情　沽券が下がる

第Ⅲ章　読み方のコツをマスターするリーディングレッスン

あとがき

　タロットカードには、たくさんの神秘主義の思想が込められています。現在のタロットの礎を作ったゴールデンドーンは、タロット、錬金術、占星術、カバラ、魔術などを研究し、A.E.ウェイトのほか、アレイスター・クロウリー、イスラエル・リガルディ、ダイアン・フォーチュンなど、現在の神秘思想やたくさんの魔術師に影響を与えています。

　ウェイト版タロットにも、古代からの叡智と伝統に基づいた神秘思想の概念が込められています。今回は、これをなしにしてはタロットを語れないであろう秘教的な視点に基づき、カードの意味や使い方を分かりやすく解説しました。

　この本を出版するに当たり、カバラを実践指導する松本ひろみ先生（魂の学校・フィリング主宰）にご指導賜り、ご厚意によりフィリング秘伝のポール・ソロモン先生のチャネリングによる、特別なタロットの資料を参考にさせていただきました。

　タロットの勉強をこれから始める人にとっては、本格的でスピリチュアルなタロットカードの入門書として、プロの方にとっては新しい視点をもたらす特別な一冊として、あなたの霊的成長のお役に立てればと思います。

人類の叡智が込められたタロットカード

▲ゴールデンドーン版タロット
ゴールデンドーンに伝わる秘伝的タロットカードのスケッチを元に作られたカード。イスラエル・リガルディによって出版される。

▲トート版タロット
魔術師アレイスター・クロウリーがデザインし、フリーダ・ハリスが描いたタロット。ゴールデンドーンの秘教体系を起点としている。

❖ 監修者 吉田ルナ からのメッセージ ❖

　子供の頃から神秘的なことが大好きだった私は、タロットの神秘的な絵に魅了され、夢中になりました。あるとき、「このカードの背後にあるものはなんだろう？」という疑問を持ったことから隠秘学に足を踏み入れ、占星術やユダヤ教の秘教カバラという神秘思想にたどり着きました。占星術やカバラを学んでタロットを見ると、今まで気づかなかった、カードに込められた深い洞察を得ることができました。

　タロット占いは、目には見えない心の世界を知るのに、とても便利なツールです。運命は心が作っています。運命を作る心を受け入れ理解することで、運命を変えることができます。タロット占いは、より良い人生に導くための、指針を示してくれるに違いありません。

　タロット占いの神秘的で魅力的な世界を一人でもたくさんの人に楽しんでいただけるように、世界平和と人類愛をテーマにした「ラブアンドライトタロット」を監修し、タロット占い師としての表現力が高まりました。この経験を通して、あなたに伝えたいことは、自分の可能性を信じて、やりたいことはどんどん試して欲しいということです。そうすることで、今まで知らなかった新しい世界が見えてきます。

　タロットカードは、あなたが未来を夢見ているときも、不安で心細いときも、あなたによりそってアドバイスをくれるでしょう。人生を豊かに生きるツールとして、自分のために、相手のために、ご活用いただければ幸いです。

With Love and Light, Luna Yoshida

吉田ルナが主宰する「ラブアンドライト」では、オリジナルカード「ラブアンドライトタロット」を使用した占い講座や、タロット占いの技術を高める講座、占い師養成講座、対面やオンラインでの占いセッション、そのほか占星術、カバラ・生命の木などの神秘思想のワークショップを行っています。

▲オリジナルカード「ラブアンドライトタロット」
吉田ルナ監修・片岡れいこ絵
・アートショップニコラなどで入手できます。
http://a-nicola.shop-pro.jp
・ラブアンドライト　http://loveandlight21.jp

● 監修・執筆　吉田 ルナ
　幼い頃から霊感があり、13歳からタロットに魅了される。西洋占星術など多岐に渡る占術で、プロとしての鑑定実績は延べ2万人以上。現在は「ラブアンドライト」を主宰し、占いや秘教の研究を活かして、占い学校、天命発掘のワークショップ、魂を解放するアートセラピーなどを行う。関西以外にも北海道から沖縄までワークショップやオンラインにて講座やセッションを行い、全国に無条件の愛と叡智の光を届ける活動に努める。

▼ 著書
・『4大デッキで紐解く タロットリーディング事典 完全版』
・『本格的に占う タロット 基本の扱い方』
・『もっと本格的に人を占う！究極のタロット 新版』
・『もっと本格的にスプレッドを極める！魅惑のタロット 新版』
・『幸せに導く タロットぬり絵』
・『人間関係を占う 癒しのタロット』

● 編集・デザイン　　　　● デジタルイラスト　　　　● 編集協力
　片岡 れいこ　　　　　　稲垣 麻里　　　　　　　　小橋 昭彦　板垣 弘子

参考文献　『カバラ入門』（出帆新社）ゼブ・ベン・シモン・ハレヴィ著　松本ひろみ訳
ライダー・ウエイト版タロットは、U.S. Games Systems社の許可を得て掲載しました。
Illustrations from the Rider-Waite Tarot Deck® reproduced by permission of U.S. Games Systems, Inc., Stamford, CT 06902 USA. Copyright ©1971 by U.S. Games Systems, Inc. Further reproduction prohibited. The Rider-Waite Tarot Deck® is a registered trademark of U.S. Games Systems, Inc.

本格的に占うタロット 読み解きのコツ
カードを知るリーディング・レッスン

2024年11月30日　第1版・第1刷発行

監　修　吉田 ルナ（よしだ るな）
編　者　片岡 れいこ（かたおか れいこ）
発行者　株式会社メイツユニバーサルコンテンツ
　　　　代表者　大羽 孝志
　　　　〒102-0093　東京都千代田区平河町一丁目1－8
印　刷　株式会社厚徳社

◎「メイツ出版」は当社の商標です。

● 本書の一部、あるいは全部を無断でコピーすることは、法律で認められた場合を除き、著作権の侵害となりますので禁止します。
● 定価はカバーに表示してあります。

©片岡れいこ,2012,2019,2024．ISBN978-4-7804-2960-2　C2011　Printed in Japan.
ご意見・ご感想はホームページから承っております。
ウェヴサイト　http://www.mates-publishing.co.jp/
企画担当：大羽孝志／清岡香奈

※本書は 2019 年発行の『もっと本格的にカードを読み解く！神秘のタロット 新版』の書名と装丁、誌面デザインを変更し、新たに発行したものです。